Georg Magirius

Erleuchtung in der Kaffeetasse

Georg Magirius

6. Oktober 2012

Georg Magirius

Erleuchtung in der Kaffeetasse

Die großen Fragen und das tägliche Allerlei

Mit einem Nachwort von Gabriele Wohmann

Claudius

Bibliografische Informationen Der Deutschen Nationalbibliothek
Die Deutsche Nationalbibliothek verzeichnet diese Publikation in der Deutschen Nationalbibliografie; detaillierte bibliografische Daten sind im Internet über http://dnb.d-nb.de abrufbar.

Birkerstraße 22, 80636 München
www.claudius.de

Umschlaggestaltung: Guter Punkt, München
Umschlagbild: © Todd Pearson/gettyimages
Druck: Ebner/Spiegel, Ulm

ISBN 978-3-532-62428-9

Inhalt

Von der zauberhaften Kraft des Alltags

Vorwort

Dieses Buch zeigt die Faszination des Alltäglichen. Es kümmert sich nicht um das, was normalerweise für Furore sorgt. Da wird kein roter Teppich ausgerollt, Prominente im Blitzlichtgewitter wird man nicht finden. Die Gedanken und Erzählungen locken stattdessen ins Gewöhnliche hinein. Es scheint bekannt, wird oft langweilig genannt, man hält es für belanglos, klein, privat. Doch den Suchenden enthüllt das Alltägliche Abenteuer von wundersamer Größe. Im Alltäglichen ruht auch politisch bedeutsames Potenzial, denn es lehrt den Mut zum Widerstand. Die Reise in die nächste Umgebung ist ein Weg der Freiheit. Im Gespräch mit sich lernt man auf unbekannte, leise, störrische und verwegene Stimmen zu hören. Dadurch entziehe ich mich Mechanismen, Menschen und Machenschaften, die fordern, niemals von den Autobahnen des Lebens abzuzweigen. Auf Pfaden jedoch beginnen die zauberhaften Quellen des Alltags zu sprudeln. Wer von ihnen trinkt, wird kaum anfällig für Heilsversprechen, sondern sucht den eigenen Weg. Und ich werde aufmerksam für andere, will sie nicht erziehen, steuern und regeln, sondern entdecke in ihnen eine schöne Unverwechselbarkeit, die ich bestehen lassen kann.

Ohne die Welt der Kleinigkeiten jedenfalls bliebe der Himmel fern. Deshalb stelle ich keine abstrakten Thesen auf, die so abgehoben sind, dass sie für den gewöhnlichen Erdenbürger unerreichbar bleiben. Lieber widme ich mich Einmachgläsern, Kugelrubinien, Stadiongrashalmen, Eiswaffeln, Wassertretbecken, Mülltonnen, violetten Streichholzköpfen und forsche nach ihrer spirituellen Kraft. Was vielen als belanglos oder gar als Unkraut erscheint, kann berauschende Blüten treiben. Wie ist das möglich? Es geschieht, indem ich die Augen nur einen Moment länger als gewohnt auf dem Üblichen verweilen lasse: Schon zeigt sich im Bekannten das Unbekannte. Oder ich gucke schräg von unten oder um die Ecke. Dann wieder öffnet sich die Faszination des Alltäglichen, wenn ich die Augen schließe. In der Mystik spricht man zuweilen vom dritten Auge, man kann es aber auch ein Träumen bei Tageslicht nennen. Ich erlebe, wie beim Schauen ins Innere hinein sich Festgefügtes zu lösen beginnt, es gerät in Bewegung, gruppiert sich um und findet eine neue Ordnung. Ich blinzle, öffne die Augen: Das Graue hat sein Gewand der Trübnis abgestreift, da glitzert es und schillert. Es bleibt gewöhnlich und ist doch schon nicht mehr ganz von dieser Welt.

Ohne Kleinigkeiten bliebe der Glanz des Himmels verborgen. Mit Brimborium verkündete Wahrheiten dagegen tun nicht gut. Anfangs wirken sie vielleicht noch frisch und feierlich, sie erlahmen aber rasch. Es fehlt die Glut der Leidenschaft, die im Abgelegenen zu finden ist, in der unverlierbar großen Welt der Winzigkeiten. Es ist der Geist der Bibel, den ich dort aufblitzen sehe. Denn die Heilige Schrift erzählt, dass Propheten, Könige, Jünger, Apostel und auch Jesus selbst in der Provinz begonnen haben und die abgelegenen Regionen oftmals nie verlassen haben. Vielleicht startet alles Große in der Provinz, bricht auf und kehrt doch wieder in die Provinz zurück? So kann ein Detail zur Weltgeschichte werden. Und die weite Welt würde ohne die Kernigkeit des Alltags eng. Davon erzähle ich, ich suche danach, ich glaube: Der sich sehnende, zweifelnde, kleingemachte, oft enttäuschte und doch immer wieder hoffende Mensch ist des göttlichen Blickes würdig. Der Himmel breitet sich im Alltag aus. Denn die Liebe Gottes ist aufgebrochen und auf dem Weg zu dem, der der Liebe bedürftig ist.

Rechen, Besen, Schaufeln, Scheren

Die heilsame Kraft des Wartens

Kein PR-Stratege könnte es besser hinbekommen. Die alten Worte, die vor allem im Advent zu tönen beginnen, wirken wie ein Kommentar zum aktuellen Lebensgefühl. Allerdings bestätigen sie nicht den heutigen Trend. Erzählt wird im Advent nämlich vom Warten, während gegenwärtig die Maxime lautet: Brich auf und ziehe los! Wer Erneuerung sucht, ist fast immer auf dem Sprung, geht auf Reisen und erkundet ferne Länder. Wer schnelle Beine hat, gilt auch religiös betrachtet als jemand, der sich auf einem guten Weg befindet. Viele pilgern los. Der Mensch erlebt sich als Wanderer, ist Marathonläufer, Gipfelerklimmer, Triathlet, Extremwanderer oder Bahncard-100-Besitzer.

Ganz anders, geheimnisvoll und faszinierend fremd klingt, wovon im Advent gesungen wird. Auch da ist von Aufbruch die Rede, eine fantastische Bewegung beginnt – nur gehe ich nicht weg, sondern jemand anderes zieht los. Ein König macht sich auf die Reise, der Frieden bringt, heißt es in alten Verheißungen. Nach Jerusalem ist der Retter unterwegs, dieser oftmals zerstörten und geplünderten Stadt. „Bereitet dem Herrn einen Weg, macht in der Steppe eine ebene Bahn unserm Gott. Alle Täler sollen erhöht werden und alle Berge und Hügel sollen erniedrigt werden und was uneben, soll gerade, und was hügelig ist, soll eben werden."

Im Advent hat das Pilgern also Pause. Nicht ich setze mich in Bewegung, sondern die Herrlichkeit Gottes geht auf Reisen. Ich aber warte, dass die Herrlichkeit ihr Ziel erreicht. Das Ziel bin ich, denn Gott will ja nicht nur nach Jerusalem. Diese Stadt kann zum Symbol für jeden werden, der auf Heilung hofft. Im Advent gilt nicht das Motto: Ich bin dann mal weg. Sondern: Ich bleibe da und warte.

Auch in den virtuellen Beziehungsnetzen gilt es heute, auf Menschen zuzupilgern, Profile anzuklicken, sie zu sammeln und in die eigene Gefolgschaft einzureihen. Im Advent jedoch will ich am liebsten aufgefunden werden. Da sollen Gesellschaftsanalytiker ruhig warnen: Der Zögerer und Zauderer wird untergehen! Wer sich nicht heute noch bei Facebook registriert, wird schon bald gesichts- und arbeitslos. Und ich? Ich widme mich uralter Techniken der Kommunikation, die geheimnisvoller sind als jedes Twittern: Ich bete, singe, hoffe, träume – die kommende Herrlichkeit herbei. Ich flüstere und summe, bestimmt nicht immer stimmig, dafür aber ehrlich. Ich rufe in den Himmel hinein: Komm!

Zu warten – das bedeutet aber nicht, die Hände in den Schoß zu legen. Es gilt, Barrieren abzubau-

en und aufzuräumen. Ob die biblischen Propheten gar nicht so exzentrisch waren, wie man denkt? Weshalb sonst hätte Jesaja der Stadt Jerusalem zugerufen: Glätte die Wege und mache alles Krumme gerade? Womöglich würde Jesaja heutzutage Kooperationsverträge mit Baumärkten schließen.
14 Die Geräte aus der Gartenabteilung jedenfalls sind hilfreich, um den Weg für die angekündigte Herrlichkeit zu ebnen. Rechen, Besen, Schaufeln, Scheren: Im Namen des biblischen Propheten reche ich Blätter zusammen, stutze Büsche und kehre die Straße, um sie gangbar zu machen. Der Advent – eine Zeit für Spießer, Baumarktjünger und Sauberkeitsfanatiker? Tatsächlich laden die Wochen vor Weihnachten ein, endlich einmal aufzuräumen. Die Wege müssen dabei nicht zwanghaft sauber gehalten werden. Der Aufruf aufzuräumen lässt sich vielmehr als ein Versprechen verstehen, dass das Leben einfach werden kann. Das gilt auch für mein Inneres: Inmitten der Berg- und Tallandschaft der Emotionen bricht sich die Hoffnung Bahn, dass Neues kommt. Glatt, eben und zugänglich sollen meine Umgebung und auch ich selber werden.

Etwas rätselhaft ist das schon. Schließlich müsste die kommende Herrlichkeit Gottes eigentlich doch Hindernisse spielend überwinden können? Der Retter aber benötigt auf dem Weg zu uns anscheinend Barrierefreiheit. Ist Gott zuweilen etwas schüchtern – und wir sollen ihm gar helfen? Der

Friedefürst scheint keine Kämpfernatur zu sein, die Barrieren einfach so durchbricht. Das Herz, das Gott empfangen darf, muss also nicht gepanzert sein, im Gegenteil: Den Dünnhäutigen erreicht die Kraft Gottes vielleicht sogar zuerst. Diese Hoffnung lässt zur Ruhe kommen. Und ich tauche ein in eine Atmosphäre, die mich an Samstage aus alten Zeiten erinnert: als alle Geschäfte mittags schlossen, der Tag mit einem Mal sein Tempo drosselte, und man sich bereitete – für die Ankunft eines feierlichen Tages. Braucht Gott Ruhe, kommt er verletzlich, muss ich Gott helfen, ist er gebrechlich? Der Friedefürst ist kein Rambo-Typ, er sitzt nicht im Geländewagen. Eher kommt er zu Fuß. Vor diesem Verkehrsteilnehmer muss ich nicht erschrecken. Gott ist Pilger – auf dem Weg zu mir. Was soll nun aus mir werden? Ich will zum Herbergsvater werden, um den Reisenden bei mir aufzunehmen.

„Macht hoch die Tür, macht weit die Tor", heißt es im Advent. Das ist der letzte Schritt in der Kunst des Wartens, damit die Herrlichkeit Gottes Wohnung nehmen kann. Die Polizei ist hierbei kein Freund und Helfer, weil sie zu Sicherheitsschlössern rät. Hilfreicher kann eher schon jene betagte, in Amerika lebende Wissenschaftlerin sein, von der ich einmal las. „Ich schließe die Haustür niemals ab", sagte die Frau, die alleine lebt. Im Fall eines Sturzes oder einer Krankheit stehe die Tür dann nämlich offen, der Weg sei frei für Nachbarn oder

Sanitäter. Da nehme sie die Gefahr von Einbrechern gern in Kauf.

Der Advent ermutigt dazu, die Tür nicht abzuschließen. Noch mehr: Man soll sie sogar ganz weit öffnen. So setzt die Erwartungsfreude Signale. Ich muss an meine Kindheit denken, als wir am liebsten gleich mehrere Türen öffneten. Wir lebten nämlich in zwei Wohnungen, die dank eines Wanddurchbruchs verbunden waren. Beide Wohnungstüren aber blieben intakt, sie lagen im Treppenhaus einander gegenüber. Wenn jemand klingelte, konnte es passieren, dass sich die Tür in seinem Rücken öffnete: Hallo! Der Gast drehte sich um – und genau in diesem Augenblick ging die Tür auf, an der der Besucher zuerst geläutet hatte: Hallo! Der Eingetretene war hin- und hergerissen, drehte Kopf und Körper, bis er zu lachen begann – was waren das für Tänze im Treppenhaus! Oft geschah es aus Zufall, aber natürlich hatten meine Brüder und ich auch unseren Spaß an dieser Treppenhaus-Verwirrung. Wir rannten um die Wette: Wer kommt zuerst an eine der Türen? Dann wieder agierten wir gewieft und öffneten die Wohnungstüren mit voller Absicht knapp nacheinander. Wir wollten den Kommenden aber nicht nur ärgern, uns trieb schlicht die Neugier an. So öffneten wir uns der Welt, die zu uns in die Wohnung kam. Wir waren sicher: Wer da klingelt, kommt im Guten. Also schlossen wir uns nicht ab, sondern sperrten die

Tür weit auf, nicht nur eine, sondern am liebsten immer beide.

Der Advent ist inspiriert von dem Mut, sich endlich einmal am rechten Fleck zu fühlen. Denn das Leben wird sich erfüllen – schon bald, ganz in meiner Nähe, ich selbst bin das Ziel – Gottes gute Adresse. Das Herz mag verwundet sein, lahm, verhärtet, eingemauert, alt und klein geworden, kalt womöglich oder auch geplündert, es pocht schwach oder zu heftig – egal! Es ist die Hauptstadt Jerusalem, die sich Jahr für Jahr von neuem schmückt, schöner wird und sich wartend immer weiter öffnet. So wird der König mit Pracht einziehen, Jesus. Es ist ein Kind, das aufgebrochen ist, um zu trösten. Ich halte die Arme nicht eng am Körper, sondern strecke sie in voller Länge von mir weg und spüre, wie frei und weit es in mir wird. Der Himmel kommt mir entgegen. Ich will ihn empfangen, so stehe ich ungeschützt und unbesiegbar offen. Gott gehört nicht zu der Gattung der Verfolger, er folgt einfach nur dem Weg ins Herz hinein, damit der Frieden Wohnung findet. Der Weg – er ist gefegt. Gott wird nicht stolpern. Seine Kraft ist klein und zart. Ich warte. Die Kraft ist groß, das Herz beginnt zu jubeln. Und alle Vergeblichkeit hat abgedankt.

Kanne

Revolution am Kaffeetisch

Der Alltag der Deutschen steht offenbar vor einer Revolution, dachte ich, als ich kürzlich eine Meldung in der Zeitung las. Die jüngere Geschichte muss neu geschrieben werden, genau genommen die des Kaffee- und Teegenusses. Denn die Wissenschaft hat nun bekannt gegeben: Der Konsum der beiden dunklen Flüssigkeiten ist nicht so schlimm wie angenommen. Bislang schlürfte man Tee und Kaffee in dem Bewusstsein: Wer genießt, muss dafür büßen – oder zum Ausgleich sehr viel Wasser trinken. Denn es war klar: Die koffeinhaltigen Heißgetränke entziehen dem Körper Flüssigkeit. Jetzt aber verkündete der Berufsverband der Deutschen Internisten, die alten Studien seien anders zu verstehen. Dazu belegen neue wissenschaftliche Untersuchungen: Selbst fünf bis sieben Tassen gar nicht mal so schwachen Kaffees pro Tag bringen den Flüssigkeitshaushalt nicht durcheinander, falls man in Übung, also Anhänger der Kaffeebohne ist. Und auch der schwarze Tee trocknet den Körper nicht aus, sondern wird medizinisch betrachtet neuerdings sogar zu der Spezies der Getränke gezählt.

Nicht nur die Vergangenheit, auch die Zukunft erscheint in neuem Licht. Bislang trank bei mir stets das schlechte Gewissen mit. Denn jede Tasse Tee war theoretisch von der übrigen Tageszufuhr an Flüssigkeit abzuziehen. So konnte ich mich am Abend schon einmal flüssigkeitsbilanztechnisch in einem fast apokalyptisch zu nennenden Minusbereich befinden. Und selbst wenn man sich eigentlich ganz in Ordnung fühlte, sprach die Stimme des Gewissens: Hast du deinem Körper da nicht wieder übel mitgespielt, ihn der Austrocknung ausgesetzt samt der Folgen wie frühzeitig eintretender Demenz?

Jetzt hingegen ist alles verwandelt, ein Getränkewunder von gerade zu biblisch zu nennendem Ausmaß ist eingetreten: Einst war da Mose, ein großer Prophet. Er warf in der Wüste einen Stock in das schrecklich bittere Wasser an der Quelle zu Mara und das bittere Wasser wurde süß. Da waren alle, die tranken, froh. Einst verwandelte auch Jesus innerhalb eines Augenblicks eine Flüssigkeit – aus Wasser wurde Wein, das war auf einer Hochzeit zu Kana. Und wieder wurden alle, die tranken, froh. Und nun? Wir befinden uns am Anfang des dritten Jahrtausends: Die Tee- und Kaffeewissenschaft revidiert den Forschungsstand. Ergebnis: Wieder dürfen alle, die trinken, fröhlich sein. Zuvor wurde jede Tasse Kaffee zuweilen als Waffe angesehen, die man gegen sich selbst richtete, gegen den Hausarzt oder Mitmenschen, die den Finger heben und warnen: „Genieße nur nicht zu sehr! Sonst verlierst du Saft und Kraft.“ Mehrere Kannen Kaffee pro Tag sind nach wie vor nicht gesundheitsfördernd, räumen die Mediziner ein. Auch auf den Blutdruck müsse man achten. Ansonsten aber sei sogar eine mehrfach über den Tag verteilte Koffeinbelebung hilfreich. Schöner neuer Alltag: Bereits am Morgen kann man sich wie im Garten Eden fühlen, als man noch frei von jeder Schuld frühstückte. Dazu dieser Zeitgewinn: Nicht mehr jeden Schluck Tee muss ich mit einem Schluck Wasser ausgleichen, ergänzen, vervielfachen, um im Leben nicht ins Hintertreffen zu geraten. Denn die Wissenschaft hat festgestellt: Wer genießt, lebt überhaupt nicht böse. Womöglich ist das ein Fingerzeig für das Leben insgesamt: Wer seinem Instinkt folgt und etwas voller Lust tut, gerät nicht gleich in Sünde oder Tod. Die innere Stimme muss kein Gegner sein. Der Durst kann stattdessen zu dem führen, was sinnvoll, gut und richtig ist – und auch noch schmeckt. Die Zunge folgt ja auch nur der Sehnsucht nach dem, was im Leben fehlt, sei es Kaffee, Tee oder auch jene fantastische Erfrischung, von der es in einem Gebet der Bibel heißt: „Herr, du tränkst die Menschenkinder mit Wonne wie in einem Strom. Denn bei dir ist die Quelle des Lebens.“

Pelzsack

Freund der Hilflosigkeit

Wer von Stille überwältigt wird, fühlt sich aus der Welt gefallen. Und wer in die Stille geht, stillsteht und keinen Schritt weiterkommt, gilt oft als Sonderling und problematisch. Als lebendig nämlich wird bezeichnet, was wächst: Der Kontoinhalt blüht auf, Freundschaft entwickelt sich und natürlich sollen sich auch Wissen, Gemeinschaft oder der Glaube vermehren, damit etwa die Kirche irgendwann einmal wieder wächst – gegen den Trend.

Die kalte Jahreszeit legt sich dazu quer, irritiert durch Unbeweglichkeit. Sie passt in die Ideologie des unaufhörlichen Wachsens nicht hinein, ist kein Schrumpfen und kein Sich-Entwickeln, sondern Stillstand. Und erfassen kann die Ungeheuerlichkeit des Winters vielleicht am besten der, der aus dem Tritt gerät, ausrutscht und im Graben liegt. Der Winter provoziert, selbst wenn man ihn noch so sehr bändigen will mit Splitt und Räumfahrzeugen. Und will man ihn mit Schlittenfahren und Skiliften bespaßen, tut er dennoch weh, weil in ihm die Leere lauert.

Der Winter ist viel mehr als die Rückseite des Sommers. Er zeigt denen die kalte Schulter, die ihm geschickt Sinn und Trost einhauchen wollen – nach dem Motto: Wärme kann man doch schließlich nur empfinden, wenn man auch die Kälte kennt. Nein, wenn Frost herrscht, gibt es keine Wärme. Hoffnungslos. Wer das nicht zerredet, ist von der gesellschaftlich inszenierten Heuchelei befreit, sich selbst, das Leben und die Umgebung permanent als hoffnungsfroh zu deuten. Der Winter ist der Freund der Hilflosigkeit. Der Schmerz ist nicht mehr allein, weil er sich nicht dafür entschuldigen muss, wenn da nichts als Trauer ist. Ich glaube: Viele werden gegenwärtig immer trauriger, weil ihre Traurigkeit kein Recht hat, einfach Traurigkeit zu sein. Stattdessen wird sie etwa als Trauerphase gedeutet, weil sie dann nämlich gleich wieder die Kraft zum Wachstum in sich birgt. Der Trauerverlauf soll aus der einen Trauerphase in die nächste kommen, um schon bald in den Sommer der ordentlich bearbeiteten Trauer zu münden. Doch der Winter ist einfach nur Winter, keine Trauerphase der Natur, sondern Leere und Kälte. Deshalb halten die Überhitzten und Sonnengebräunten ihn nicht aus, sie reisen lieber aus, auf dass das ganze Leben über Sommer wäre. Unter denen aber, die die stetig wachsenden Start- und Landebahnen mit Skepsis sehen, darf die Traurigkeit atmen, weil sie nicht als Patientin diagnostiziert wird. Der Winter ist nicht therapierbar, er nimmt sich die Freiheit, einfach Winter zu sein.

Als Sängerin eines auf diese Weise befreienden Winters kann die Liedermacherin Bettina Wegner gelten. Sie hat ihre Lieder einmal ein Plädoyer für die Traurigkeit genannt. „Ich bin manchmal nach Konzerten gefragt worden, warum meine Lieder nicht so richtig optimistisch klingen. Ich habe sehr lange darüber nachgedacht und mich schließlich damit getröstet, dass wir im Zeitalter der Arbeitsteilung leben. Und den Rest besorgen fast alle meine Kollegen." Wer den Winter kennt, lacht über diese Art von Humor. Wer ihn entsorgen will, steht auf, geht rasch zur Heizung, um sie einige Stufen nach oben zu drehen.

Die Kraft des Winters liegt nicht darin, dass er als Teil eines ganz normalen Auf und Ab des Jahreslaufs verstanden werden kann. Natürlich darf er so verstanden werden, nur klingt mir das zu sehr nach logischer Folgerichtigkeit. Die dunklen Monate aber sind eben nicht nur normal, in ihnen liegt eine furchtbar geheimnisvolle Macht, die auf ein Anderswo verweisen kann. Von ihr gibt Thomas Mann in seinem Roman „Der Zauberberg" eine Ahnung. Hans Castorp, der befreiend untätige Held ohne jeden Heldenmut genießt den Winter – eingehüllt im Pelzsack im Lungensanatorium, dem Berghof in Davos. „Klarer Frost herrschte, reine, gesicherte Winterspracht um Mitte November, und das Panorama hinter den Bogen der Balkonloge, die bepuderten Wälder, die weichgefüllten Schlüfte, das weiße, sonnige Tal unter dem blaustrahlenden Himmel, war herrlich."

Die Beschreibung der Winterstimmung nimmt den Frost ernst. Da ist nicht der Sommer im Blick, eher ist der Winter Rückseite einer ganz anderen, vielleicht viel bedeutenderen Welt, in der Sommer
24 und Winter für immer aus dem Rhythmus geraten. „Abends gar, wenn der fast gerundete Mond erschien, verzauberte sich die Welt und ward wunderbar. Kristallisches Geflimmer, diamantnes Glitzern herrschte weit und breit. Sehr weiß und schwarz standen die Wälder. Die dem Monde fernen Himmelsgegenden lagen dunkel, mit Sternen bestickt. Scharfe, genaue und intensive Schatten, die wirklicher und bedeutender schienen als die Dinge selbst, fielen von den Häusern, den Bäumen, den Telegraphenstangen auf die blitzende Fläche. Es hatte sieben oder acht Grad Frost ein paar Stunden nach Sonnenuntergang. In eisige Reinheit schien die Welt gebannt, ihre natürliche Unsauberkeit zugedeckt und erstarrt im Traum eines phantastischen Todeszaubers."

Haut

Das Zeitalter der Dünnhäutigen

Von einem neuen Zeitalter träume ich. Und die Dünnhäutigen werden in ihm das Zepter übernehmen. Längst schon kriechen sie aus ihren Sicherheitszonen heraus. Es sind doch viel zu viele, als dass sie sich noch verstecken müssten. Was ist ihr Regierungsprogramm? Es ist kein Programm, die Dünnhäutigen nämlich handeln unverkrampft, stets überraschend und unverwechselbar persönlich. Unter ihrer Herrschaft werden Gefühle nicht weggeschlossen und die Nerven nicht trainiert, bis sie Drahtseilstärke haben. Sie schwingen lieber leicht und die Seele darf atmen.

Es ist ein Traum. Dennoch finde ich Anzeichen in der Realität, dass das Zeitalter der Empfindsamen begonnen hat. Noch hört man den Ratschlag: Lege dir doch eine dickere Haut zu, ein dickes Fell, am besten einen Panzer! Auch stößt man nach wie vor auf das sogenannte *3-D-Prinzip,* dank dessen man sicher durchs Leben gehen kann: Dickhäutigkeit, Durchsetzungskraft und Disziplin. Und es kursiert der Tipp, sich für den Kampfplatz der Geschäfte eine Uniform anzulegen: Frauen sollen Stiefel tragen und Männer Anzug und Krawatte. Allerdings klingen diese 0815-Empfehlungen wie das Echo einer untergehenden Epoche. Denn viele, immer mehr, vielleicht so gut wie alle besitzen gar kein dickes Fell. Sonst wären sie ein Tier. Der Mensch aber hat nun mal eine Haut und die ist ein hochempfindliches Organ, eine Oberfläche, die Kälte, Nässe, Hitze, Sonne spürt, die berührbar und verletzlich ist. Die Haut bildet den Umriss des menschlichen Wesens, trennt das Individuum von der Umgebung. Zugleich ist sie der Weg, sich zu überschreiten dank ihres feinen Sensoriums.

Der Dünnhäutige ist stark, besitzt Resonanz für das Besondere, für wunderbare Atmosphären, sinnenfrohe Köstlichkeiten, für Traurigkeit und Ohnmacht. Es sind die Sensiblen, die sehr gut helfen können, die kraftvoll tätig sind und besondere Erfolge feiern, weil sie sich dank ihrer dünnen Haut selbst über große Entfernungen hinweg erkennen können. Die Robusten aber, die Macher, Rüstigen, Belastbaren und Immer-Starken sterben aus wie einst die schwer beschuppten Dinosaurier. Robust – das ist ohnehin eine Eigenschaft, mit der gewöhnlich Autos oder Baustoffe wie Beton charakterisiert werden, aber doch nicht Menschen.

Nur warum glaube, ahne, träume ich davon, dass die Zahl derer wächst, die sich dazu bekennen, dass die Haut sensibel ist? Es könnte mit dem zusammenhängen, was Neurobiologen vermuten: dass das Gehirn nicht geschaffen ist für die Hochtourigkeit der Gegenwart, für Multitasking, ständige Erreichbarkeit, für ein Leben, in dem man jederzeit aus dem Beruf und anderen gewohnten Zusammenhängen purzeln kann, nur weil die sogenannte Marktgängigkeit zum Gott erhoben wird, der man sich zu unterwerfen hat. Ein Mensch aber, der lebendig ist, der lieben will und das Wehen des Windes kennt, kann sich nun mal nicht auf Dauer unterwerfen.

So bricht der Panzer früher oder später auf, das mühsam antrainierte Fell ist abgezogen und der Mensch erkennt, dass er nur dank seiner dünnen Haut mit sich Freundschaft pflegen kann. Die Seele will atmen, braucht Luft und Raum, damit sie auch mal tanzen kann. Sie will weite Kleider tragen, manchmal auch der Nacktheit frönen, sie ist verbündet mit der Muße, die den Leerlauf liebt. So öffnet sich der Mensch auch für das ganz Andere, für Gott, jene Macht also, die an den Rüstungen der Unempfindlichen regelmäßig abzuprallen scheint. Johannes Tauler, ein Theologe und Mystiker aus dem 14. Jahrhundert, beschrieb das einmal so: Wenn der Mensch nicht zu sich selbst und zu Gott finde, dann liege es daran, dass über seine Seele eine undurchdringliche Schicht gelegt ist, „so manche dicke greuliche Haut darüber gezogen, gerade so dick wie Ochsenstirnen. Und die haben ihm sein Inneres so zugedeckt, dass weder Gott noch er selbst hinein kann."

Zelt

Wohnen und Weitergehen

Es ist eine der großen Fragen der Menschheitsgeschichte. Sie beschäftigt den Menschen bis heute, mag er groß, klein, bedeutend oder unbedeutend sein. Nämlich: Was ist der Grund des Lebens, worauf kann ich mich verlassen, was gibt meinen Füßen Halt und Festigkeit? Der Prophet Jesaja hat eine der vielleicht mitreißendsten und zugleich unheimlichsten Antworten gegeben. Wobei „Antwort" eine nicht ganz treffende Charakterisierung für seine Rede ist, die im 40. Kapitel des Prophetenbuches festgehalten ist. In ihr reiht sich nämlich Frage an Frage, es handelt sich um eine Schimpftirade. Und doch leuchtet in ihr auch eine zauberhaft-zarte Schönheit auf.

Der Prophet will mit seinen Fragen die Befragten offenbar kleinlaut machen, ins Schweigen führen, sodass sie ihre vermeintliche Sicherheit überdenken: Worauf verlasst ihr euch?, fragt er. Auf Richter, Mächtige, Politiker? Auf Kundige, Hochstudierte, Doktoren, Verleger, Professoren, Sportler, Musikanten, Talkmaster, Autoren, Wetterexperten? Jesaja gibt die Antwort selbst: Alle sie – ein Nichts! Selbst Goethe, der Ewige, starb. Kaum ist ihr Ruhm gesät, kaum hat ihr Stamm eine Wurzel in den Wissenschaftsbetrieb, in die Fernsehsender, in Konzernstrukturen, Institutionen und Kirchen gepflanzt, kommt ein Wind: Sie verdorren, ein Wirbelsturm fegt sie weg wie Spreu.

Aber wenn sie sich zusammentun zu Völkern und Nationen? Kann das nicht ein Grund sein, auf den man sich verlassen kann? Auch dann sind sie im Vergleich zum Universum ein Stäublein, meint Jesaja: wie ein Tropfen im Eimer. Ihr Gewicht gleicht dem eines Sandkorns auf der Waage. Das also kann der Grund nicht sein, der leben lässt. Was aber dann? Der Prophet sagt: Ihr wisst doch, wisst ihr es denn nicht? Und natürlich, ein Hörer der Prophetenworte damals und auch ein Kind im Religionsunterricht heute kennt die Antwort: Sie ist unendlich groß, aber auch abgenutzt und klingt so banal, dass ich sie genau an dieser Stelle jetzt nicht niederschreibe.

Denn es geht nicht um das Wort, sondern um die Macht, die zu unendlich und zu winzig, zu mächtig und zu leise, zu ausufernd und zu geordnet, zu feurig und zu erfrischend ist, als dass sie darstellbar wäre: unaufschreibbar, unaussprechlich, unvergleichlich. Wie auch immer man sich dem Grund des Lebens nähert – man wird sein Geheimnis nicht fassen können. Und auch das Wort Geheimnis ist nur ein Wort für das Unergründliche, ein Hinweis, verspricht aber noch lange nicht Geborgenheit für immer. Der Höchste, der der Grund von allem ist, bleibt unvergleichlich, beharrt Jesaja.

Kein Bild wird ihn jemals fassen, kein Bild soll man sich von ihm machen. Paradoxerweise aber wahrt Jesaja das Geheimnis, indem er dann doch sehr oft in Bildern spricht. Sie geben dem Himm-
30 lischen kein fassbares Gesicht, lassen aber etwas von dem wundersamen Machtbereich ahnen, dessen Urheber der Lebendige ist. Inmitten der vielen Fragen laden diese Bilder ein, dem unvergleichlich leichten und doch festen Grund des Lebens zu trauen. Da ist etwa vom Himmel die Rede, den Gott wie einen Schleier ausspannt. Er breitet ihn aus wie ein Zelt, in dem man wohnt. Das ist so zauberhaft, dass ich beschließe: Beim nächsten Mal, wenn ich mich grundlos fühle, will ich mir dieses Bild vor mein inneres Auge malen. Denn es ist viel mehr noch als ein Haus, ein Zelt voller Geborgenheit, Leichtigkeit und Weite. Ich habe unendlich Platz darin – und bleibe dennoch geschützt. Es ist der Grund des Lebens: Ich kann sicher wohnen, indem ich immer weitergehe.

Ratgeber

Ein Wort der Liebe
in Zeiten
des Netzwerkens

Lächeln Sie!“ So lautet ein grundlegender Tipp aus der Welt der Karriere-Ratgeber. Gemeint ist ein gleichmäßiges Lächeln, das man steuern und kontrolliert einsetzen kann. Als schädlich für den Erfolg gelten dagegen ein Zuviel der Freundlichkeit, lautes Lachen oder andere Gefühlsausbrüche. In der Welt der Tüchtigkeit hat man die Freundlichkeit *professionell* zu leben. Die Zuwendung geschieht kalkuliert. So könne es gelingen, auf entscheidende Weise das eigene Netzwerk auszubauen. Netzwerk – in der Hitliste der meist gebrauchten Worte hat es in den letzten Jahren einen kometenhaften Aufstieg erlebt. Früher sprach man von Bürogemeinschaft, vom Vereinsleben oder schlicht von Freundschaft. Das ist jetzt anders.

Es wird auf die Notwendigkeit eines Sich-Vernetzens hingewiesen. Womöglich ist deshalb so häufig davon zu hören, weil viele ohne Netz und doppelten Boden zu leben haben. Nicht wenige erleben es oder fürchten sich davor, dass sie fallen – und nichts fängt sie auf, sie landen auf dem harten Boden der Ratlosigkeit. Anderen wiederum will es nie recht gelingen, im immer hektischeren beruflichen Leben mitzumischen. So gibt es Bücher, in denen ehemalige langjährige Praktikanten Tipps geben für jetzige langjährige Praktikanten, wie man denn nun aus dem Stadium des Praktikums irgendwann einmal in einer Art Beruf landen könnte. Das gelingt, wird in diesen Büchern empfohlen, indem man sich im Small Talk übt, Kontakte hält, sich immer wieder einmal bedankt und so gewissenhaft, geduldig, freundlich die *Networking-Pflichtkür* absolviert.

Das erinnert an die Welt der Technik: Computer werden miteinander verkabelt und vernetzt, damit ein Datenaustausch möglich wird. So bieten sich mehr Möglichkeiten für jeden einzelnen – und kein Computer muss für sich alleine summen. Wenn sich nun Menschen miteinander verkabeln, dann spielt auch dabei der Austausch eine Rolle: „Gibst du mir, so geb' ich dir." Es lockt der Profit an allen Kabelenden. Bisweilen aber scheinen Freundschaften auch bei den eifrigsten Netzwerkern eine Rolle zu spielen. So las ich es kürzlich in einer Buchhandlung, als ich in einem Erfolgsratgeber blätterte. Freundschaften, hieß es da, seien äußerst wichtig. Nur könne man sich natürlich unmöglich um jede Freundschaft einzeln kümmern. „Dafür haben Sie keine Zeit." Stattdessen: „Nutzen Sie Ihre Freundschaften und laden Sie möglichst alle Bekannten und Freunde monatlich einmal in Ihr Haus ein." Einmal davon abgesehen, ob nun wirklich jeder ein eigenes Haus besitzt – als Folge des empfohlenen Monatsfestes kann vermutet werden: Das Netzwerk wächst dank dieser gezielt eingesetzten Freundlichkeit auf profitable Weise.

Selbst in Non-Profit-Organisationen wie den Kirchen ist oft von Professionalität und Kundenfreundlichkeit die Rede. Das Lächeln soll bewusst eingesetzt werden. Jesus selbst allerdings, auf den sich die Kirchen berufen, schien nie recht in der Lage gewesen zu sein, Menschen auf kontrollierte Weise anzulächeln. Er wurde wütend, ärgerte sich und schimpfte – lebte aber auch große Freundschaften, und zwar völlig uneffektiv an mehr als nur einem Abend im Monat. Und dann gab er noch einen Rat, der verwirrend anders klingt als die Ratgeber, die vom freundlichen Netzwerken reden. „Ein neues Gebot gebe ich euch“, lautet dieser Rat, „dass ihr euch untereinander liebt, wie ich euch geliebt habe, damit auch ihr einander lieb habt.“

Einhausung

Auszug
aus der Heimeligkeit

34 Meistens bin ich mit dem Fahrrad unterwegs. Als ich aber kürzlich auf dem Beifahrersitz im Auto reiste, wunderte ich mich über eine gelegentlich einbrechende Düsternis. Das waren Streckenabschnitte, die wie Tunnel wirkten, nur war da kein Berg, den die Schächte durchstoßen mussten. „Das sind Einhausungen", erklärte meine Begleiterin. Das Wort machte mich neugierig. Als wir nach dem Absolvieren mehrerer Einhausungen wieder zu Hause angekommen waren, machte ich mich kundig: Bei Autostraßen gibt es das Phänomen schon länger, erfuhr ich. Lärmschutzwände sind bekannt und weit verbreitet, aber manche Streckenabschnitte werden vollständig eingepackt, sind also auch überdacht, damit die angrenzenden Wohngebiete nicht von Lärm und Emissionen belästigt werden. So sollen sich Menschen auch in der Nachbarschaft von Autobahnen noch einigermaßen heimisch fühlen können. Aber die Einhausung selbst bezieht sich ja streng genommen auf Straßen, auf Autos und Autofahrer; sie erhalten das Dach über den Kopf und können sich behütet fühlen. Das wird anschaulich, wenn Straßen vor nie-

derstürzendem Geröll oder Lawinen frei gehalten werden sollen.

Allerdings, so fand ich weiter heraus: Es werden längst nicht mehr nur Straßen eingekleidet. Es gibt auch robuste Gewänder für Motoren, Maschinen, Geräte, Reststofflager. Seltsam: Für eher technische Dinge wird ein Wort verwendet, das das Urgefühl der Geborgenheit beschwört. Auch ein Kessel soll sich offenbar zu Hause fühlen dürfen und dem Automobil wird auch dann ein Recht auf Geborgenheit zugestanden, wenn es sein gemütliches Heim, die Garage, verlassen hat. Was rau und wild ist, soll ferngehalten werden, es wird häuslich gemacht. Das lässt sich auch anderswo erkennen: Es werden Skiwettkämpfe unterm Hallendach veranstaltet, da schießen und rennen Biathleten in der Multifunktionsarena um die Wette, in der der Kunstschnee garantiert zur Stelle ist. Auch gibt es schlauchartige Hallen, in denen Sikabfahrten möglich sind; kein Wetter kann dort Sportler aus der Ruhe bringen. Selbst wenn es einmal schneien sollte, kann man dort mit ungetrübtem Blick immer weiter abwärts wedeln. Das Hallendach nämlich schützt den Skifahrer vor Schnee. Die Natur soll draußen bleiben!

Manchmal wiederum wird sie gezielt hineingebeten. Kürzlich hörte ich von einem Fußballturnier in einer Halle, bei dem auf Naturrasen gespielt wird. Umgekehrt denkt man darüber nach, ob man demnächst nicht auch Bundesligaspiele oder gar die Fußballweltmeisterschaft auf Kunstrasen austrägt. Das liegt auch daran, dass heutige Freiluftarenen Teil- bis Ganzeinhausungen gleichen, ein Naturrasen überlebt dort nicht lange. Selbst der Gletscher der Zugspitze wird im Sommer mit Folien zugedeckt; die Sonne soll ihn nicht vorschnell schmelzen lassen. Auf Dauer aber nutzt das nichts. Deshalb wird vielleicht schon bald die Zugspitze insgesamt eingehaust sein. Dann können Wanderer sicher auf- und abwärtssteigen.

Die Unterscheidung von drinnen und draußen jedenfalls scheint es immer weniger zu geben. Stattdessen herrscht der tiefe Wunsch nach Heimeligkeit – vielleicht deshalb, weil man sich vor der Unbeherrschbarkeit des Lebens fürchtet. Das ist menschlich, es leuchtet mir ein. Doch wächst eigentlich die Sicherheit, wenn man alle Gefahren nach draußen bittet? Selbst wenn man den gesamten Planeten Erde ummanteln würde, bliebe oder wüchse das Risiko. Befreiend realistisch erscheint mir, was Jesus einmal gesagt hat: „Die Füchse haben Gruben und die Vögel unter dem Himmel haben Nester; aber der Menschensohn hat nichts, wo er sein Haupt hinlege." Fremdheitsgefühle und fehlende Nestwärme – das kennt nicht nur der Menschensohn. Man braucht sich dessen nicht zu schämen, zumal es auch einen wunderbaren Vorteil gibt, wenn man sich nicht gegen alles schützt: Man hält Kontakt zur frischen Luft.

Flamme

Triumph
der Schüchternheit

Im Flirtkurs wäre Mose gewiss durchgefallen. Und dennoch ist noch etwas aus ihm geworden: der größte Prophet, urteilt die Bibel. Ob es zu Moses Zeit überhaupt Flirtkurse gab, ist historisch natürlich nicht zu belegen. Erzählt aber wird von einer anrührend schüchternen Geste, als Mose sich dem Feuer des Lebens gegenübersah. Und in diesem Feuer lag ein Glühen, so etwas wie Liebe, die vielleicht auf so fantastische Weise anziehend war, dass er deshalb Abstand hielt.

Doch der Reihe nach: Mose hatte einst einen Mann im Affekt erschlagen und fliehen müssen. Er wohnte fern von seiner hebräischen Verwandtschaft beim Schwiegervater in Midian und hütete dessen Tiere. Die ließ er eines Tages nicht brav in Reihe laufen, sondern trieb sie über den gewohnten Weg hinaus – zum Berg Gottes. Mose freilich kannte weder diesen Berg noch dessen Namensgeber, er war Gott noch nie begegnet. Dann sieht er eine Flamme im Busch züngeln, die das Gewächs allerdings nicht verbrennt. Unmöglich! Mose jedoch hat den Mut, dieser nicht ganz irdischen Möglichkeit zu trauen. Er bleibt stehen, staunt das

Feuer an. So steht Mose vor Gott, längst schon nicht mehr jung, Inhaber eines ziemlich missratenen Lebens, in diesem Augenblick jedoch auf heiligem Boden. Ihn will er genau spüren, zieht also die Schuhe aus, barfuß steht er im Sand. Da ist auch nicht mehr nur die Flamme, sondern eine Stimme,

die zu ihm spricht und sein Leben neu entzünden will.

Und Mose? Er flirtet nicht, rennt nicht auf das Feuer zu, jubelt nicht, wirkt überhaupt nicht begeistert, betet Gott auch nicht an. Sondern? „Mose verhüllte sein Angesicht, denn er fürchtete sich, Gott anzuschauen." Der Schafhirte reagiert vorsichtig und mit Respekt. Er erschauert, scheint von Flamme und Stimme so sehr angezogen zu sein, dass er nicht sicher, stark und mutig agiert. Mose war kein guter Redner, er war jemand, der bislang oft genug viel erhofft, aber immer zu wenig bekommen hatte. Das erinnert an einsame Menschen, die sich nach zauberhafter Gesellschaft, tiefer Freundschaft oder einem Partner sehnen. Selten fahren sie lässig Erfolge ein. Aber genau diese schüchtern wirkende Geste Moses könnte es gewesen sein, weshalb das Herz des lebendigen Gottes Feuer fing für den Barfüßigen, der es zu keinem einzigen eigenen Schaf gebracht hatte. Gott will, dass ausgerechnet dieser stotternde Hirte das Lied vom Ende der Bedrückung singe und den Müden Beine mache: „Führe mein Volk aus der Sklaverei!" Wo-

hin? Ins Gelobte Land, in dem das Ende der Belastung wartet. Mose, der nicht gut reden kann, findet dennoch genügend Worte, um Gottes Sehnsucht zu widersprechen. Das erinnert an Verliebte, die sich und andern tausend Gründe nennen können, warum der bisherige Zustand des Lebens besser sei als etwa ein Spaziergang zu zweit. Man möch-
te sie rütteln, aufwecken, zur Besinnung bringen und am besten höchstpersönlich zum Rendezvous zerren. Doch sie nennen in endlosem Erfindungsreichtum immer weitere Gründe, warum der oder die Angebetete gewiss nicht können würde, falls man es denn wagte, auf diese Person einen Schritt zuzugehen.

Gott aber schien betört – und Mose ergriffen, obwohl der eine Vielzahl an Argumenten dafür liefert, dass er genau der Falsche für dieses große Abenteuer sei. Endlich aber spazierte Mose los, nicht nur zu zweit, sondern mit vielen tausend Hebräern durch die Wüste in die Freiheit. Als sie die Fesseln der Bedrückung abgeworfen hatten, tanzten und sangen sie so ekstatisch schön, wie es vielleicht nur Menschen können, die im Grunde ihres Herzens schüchtern sind.

Wirtshaus

Überfall im Spessart

40 Eine Wanderung findet seine Krönung in der Wirtschaft. Gerade im Winter ist das spürbar. Wenn einen nach dem Gang durch die Kälte die Wärme umschmeichelt, hat das Gehen endlich erreicht, was noch fehlte. Meine Begeisterung fürs Einkehren in der waldreichen Landschaft des Spessarts liegt auch in einem alten Tonträger begründet, der EUROPA-Schallplatte „Das Wirtshaus im Spessart", die ich als Kind oft hörte. Die Nadel zauberte aus den Rillen immer wieder neu die räuberischen Stimmen hervor, ein herrlich sonores Grunzen. Kürzlich sah ich auch den Filmklassiker mit Liselotte Pulver: Sie schleicht sich in die Räuberhöhle – in der Kluft eines jungen Mannes. Sie singt und tanzt – erfrischend burschikos gebärdet sich da eine Frau inmitten einer verklemmten und höfisch-militärischen Welt. Wie modern die angeblich so miefigen fünfziger Jahre doch wirken, dachte ich, wenigstens in diesem Film.

Es war wieder einmal Winter, unser Atem blies Wolken in die Spessartluft, da stiegen meine Gefährtin und ich an einem Wirtshaus unweit des Schlosses Mespelbrunn von unseren Pferden –

oder war es das Auto, das wir stehen ließen? Egal! Wir wurden überfallen, aber es waren nicht die Räuber. Ich erschrak, war völlig außer mir, aufgewühlt, und zugleich fiel ich in eine tiefe Ruhe, in ein seltsames, kaum beschreibbares Ineinander. Es war womöglich das, was man in der Mystik als Verwirrung, Erschrecken und Staunen bezeichnet. Oder was der Religionsphilosoph Rudolf Otto als Faszination und Zittern zugleich beschrieben hat, Phänomene, die transparent werden können für das Unbeschreibliche, das Heilige. Allerdings bin ich nun nicht gerade ein Mystiker; in diesem Augenblick war ich einfach ein Wirtshaussitzer, der im Spessart überfallen wurde. Es war ein schaurigschönes Erschrecken, glich einem Lichteinfall, der ins Innere dringt. Ich schaute diesem Licht nach, tief in mich hinein – und war für einen fantastischen Augenblick mit mir und allem um mich herum im Reinen.

Auslöser war eine Streichholzschachtel, die als Werbebotschaft auf der Theke lag. Nicht aufgepeppt, glanzvoll und modern war sie. Zu sehen war darauf ein Gasthaus, das an Modellhaustypen erinnerte, die ich als Kind mit Uhu zum Leben erweckt hatte. War es ein Retro-Trick? Nein, die Streichholzschachtel stamme, erfuhren wir vom Wirt, aus Beständen, die noch von seinem Vater, also vor Jahrzehnten in Auftrag gegeben worden waren. Ehrfürchtig nahm ich sie in die Hand – und fühlte mich in der Welt der EUROPA-Schallplatte und der wilden Tänze der Liselotte Pulver zurückversetzt. Dabei saß ich einfach nur im Wirtshaus fest, gefangen von einer wilden und befreienden Leichtigkeit. Vielleicht lag es eben daran, dass wir saßen, der Wirt sich zu uns setzte und wir nach dem Essen noch immer saßen, in jahrzehntealten Merianheften zu blättern begannen und die Werbeanzeigen interpretierten, die um einiges älter waren als wir. Ich fühlte mich mit einem Mal frei vom Anspruch der Gegenwart, in der man sich permanent entwickeln soll. „Du warst auch schon mal weiter!“, bekommt man manchmal zu hören. Aber wohin sollen wir denn immer nur? Auch Institutionen sollen sich ständig entwickeln, um wegzukommen aus der Gegenwart in eine Zukunft hinein, in der dann alles besser wird. Nur: Ob es überhaupt ein Nacheinander von sich stets verbessernden Zeiten gibt? Im Wirtshaus im Spessart erschienen mir die Zeiten eher als ein geheimnisvolles Ineinander. Die Maxime des Fortkommens war ausgesperrt und ich angekommen – bei mir, auf dieser Erde, im Ineinander der Zeiten. Als ich die Schachtel öffnete, sah ich violette Streichholzköpfe – so gewagt, dass sie heutige Werbebotschaften in den Schatten stellen. Und dann? Da war der Triumphschrei meiner Reisegefährtin – herrlich laut, wild und burschikos: „Die Telefonnummer auf der Schachtel stimmt immer noch!“

Kugelrubinie

Die Freigiebigkeit der Bäume

Als ich in einem Neubaugebiet lebte, kam ich einmal ins Philosophieren über das große Thema Wachstum. Das Neubaugebiet war nämlich so neu, dass es noch gar nicht fertig war. Es wuchs. Immer wieder kamen Häuser dazu, die Lücken zwischen den Gebäuden schwanden. Anders verhielt es sich mit den jungen Bäumen in der Straße, in der wir wohnten. Sie schienen mit dem Wachsen aufgehört zu haben. Dabei hatten sie zunächst rasch an Größe gewonnen. Sie bildeten noch keine üppigen Baumkronen, das Astwerk der regelmäßig am Straßenrand gesetzten Bäume jedoch glich grünen Kugeln, die elegant auf den noch jungen Stämmen ruhten. In ein paar Jahren wird das eine prächtige Allee, freute ich mich. Eines Tages aber, das Jahr war wenige Monate alt, wagten die Bäume kaum noch, sich weiter gen Himmel auszustrecken. Die Äste waren gestutzt worden. Aus den grünen Bällen des Vorjahrs waren Stecknadelköpfe geworden.

„Das muss so sein“, erklärte mir ein Gärtner. „Die sogenannte Kugelrubinie wird oft beschnitten, damit sie ihren Sinn erfüllen kann.“ Ich stutzte, kam ins Grübeln, bis ich mir zusammengereimt hatte: Das Besondere an diesen Bäumen ist offenbar, dass sie nur im Anfang ihres Lebens an Größe gewinnen. Dann ist mit dem Wachsen Schluss. So erhofft man sich, dass Autofahrer stets den Durchblick haben, die Kronen werden nicht zu groß. Es fallen auch nur wenige Blätter auf die Straße, der Reinigungsaufwand ist gering – nicht wie bei einer Kastanie, deren Früchte im Herbst die Köpfe von Passanten treffen oder im Autoblech Dellen hinterlassen können. Außerdem kombinierte ich: Die Kugelrubinie verführt kein Kind dazu, Früchte aufzusammeln oder vor lauter Laubbergen die Freude laut aus sich herauszurufen. Die Kugelrubinien lenken ein Kind bei seinem Gehen auf dem Bürgersteig kaum ab. Die Entscheidung für die Kugelrubinie ist plausibel, weil sie mögliche Gefahren mindert.

Meine Irritation war damit aber nicht weggefegt: Denn auf der einen Seite werden Häuser, Straßen, Garagen und Industriegebiete selten klein gehalten, eher kommen welche dazu. Auf der anderen Seite aber dürfen Bäume kaum an Höhe gewinnen. Sie werden gestutzt, noch bevor sie ihre wahre Größe erreichen. Womöglich bekommen auch viele Menschen die Macht zu spüren, die zur Ausbreitung der Kugelrubinie führt? Sie wollen die in ihnen angelegte Größe entfalten, doch noch ehe sie an Raum gewinnen und ihr Können in die Welt entlassen, werden sie gestutzt. Jedes Jahr wieder.

Bald nicken viele, wenn es heißt: „Ein mittleres Maß ist besser, es bietet weniger Gefahren." Nur trägt jemand, der sich nicht recht ausbreiten kann, auch selten viele Früchte.

Zum Glück gibt es in manchen Städten und Wohngebieten natürlich nicht nur Häuser, Autos, Garagen, Straßen und die Kugelrubinie. Da leben auch ganz andere Bäume. Sie machen Arbeit, weil sie sich ihres verschwenderischen Charakters nicht schämen, sondern viele Früchte bringen: Kirschen, Zwetschgen, Äpfel, Birnen, Nüsse. Die Freigiebigkeit solcher Bäume öffnet Türen. Denn die Ernte kann kaum beim Besitzer der Bäume alleine bleiben. Da ist ein Meer von Farben, die Ernte wird geteilt, verteilt, es hört oft gar nicht auf. Wer einen eng mit Zwetschgen beschichteten Kuchen isst oder in einem Meer von Kirschen badet, fühlt sich manchmal wie im Rausch. Und das nährt ganz nebenbei auch noch den Mut, sich im Leben nicht mit dem Status einer Kugelrubinie zufriedenzugeben.

Schnürsenkel

Auszeit
vom Auszeitnehmen

Einst galt es als anrüchig – das Aussteigen. Inzwischen ist es zu einer Art Trendsportart geworden, zumindest ist das so beim Aussteigen auf Zeit, das mit einem Loslaufen verbunden ist. Gemeint ist das Pilgern, insbesondere das auf der beliebtesten Aussteigerstrecke der Welt, dem Jakobsweg. Man schnürt sich die Schuhe – und dann geht's los! Der *Camino de Santiago* wird in fast jeder Variante bewältigt. Nicht nur per Fuß, sondern auch mit dem Rad oder dem Rollstuhl – mit oder ohne Gepäck, oft auch häppchenweise, also in kleinen Etappen. Der Jakobsweg ist zum Touristenziel geworden. Ein Kultursender, der auf sein religionskritisches Gepräge Wert legt, lädt zu Hörerreisen nach Spanien ein und kündigt als Attraktion an: das stundenweise Betreten ausgewählter Camino-Abschnitte.

Was früher als Abenteuer galt und zum Weg in die Stille werden konnte, wird kaum noch allein und unkommentiert begangen. Der Jakobsweg ist überall. Vortragsreisende touren mit Multimedia-Shows durchs Land. Fernsehsendungen begleiten ausgesuchte Pilger. Und es gibt natürlich viele

Bücher über diesen Weg. Auch in der heimischen Bäckerei oder im Naturkostladen findet man eins, denn jeder Ort hat mehrere Jakobspilger in seinen Reihen. Von ihnen haben viele ihren *ganz persönlichen Weg* niedergeschrieben. Die Bücher haben auf jeden Fall eins gemeinsam: Sie beginnen mit dem Bekenntnis, dass man ursprünglich überhaupt kein Buch über die Pilgerreise schreiben wollte. Freunde hätten aber gesagt, das Erlebte müsse man unbedingt aufzeichnen, damit *möglichst viele* erfahren, wie dieser Weg auf *ganz individuelle* Weise zu einem selbst führen könne.

Wer loszieht, ist meist gar nicht völlig weg. „Was macht denn unser Wanderer?“, heißt es bei der wöchentlichen Gymnastik. Vom abkömmlichen Sportgenossen werden SMS-Botschaften aus Spanien bekannt gegeben. Gibt es demnächst auch ein Pilger-Public-Viewing? „Der Weg in die Abgeschiedenheit – ein Leinwandereignis für alle!“ Dann kann man mitfiebern und Wetten abschließen, wer von den Pilgern abends einen der wenigen freien Schlafplätze in der Herberge erhalten wird.

Auch vor vielen hundert Jahren konnte das Ansteuern heiliger Orte zu einem Massenereignis werden. Trotzdem kann ich mich beim Pilgerrausch zu dem einen Ziel hin des Eindrucks nicht erwehren: Viele machen offenbar etwas deshalb, um damit das zu tun, was momentan sehr viele machen.

Falls der Jakobsweg aber die viel beschworene Reise zu sich selbst ist, dann verwundert es: Alle laufen immer in dieselbe Richtung. Warum eigentlich ist noch niemand auf die Idee gekommen, den Weg ganz einfach andersherum zu laufen? Das übrigens wäre auch eine Anregung für ein bislang noch nicht geschriebenes Buch über das Pilgern.

Wenn sich viele für ihre Auszeit dasselbe Ziel vornehmen, kann man dabei natürlich auch auf Menschen und Situationen treffen, die man hinter sich lassen wollte. Sinnvoller erscheint da eine *Auszeit vom Auszeitnehmen* zu sein. Man könnte zum Beispiel einfach einmal sitzen bleiben, die Schnürsenkel lockern und die Schuhe ausziehen: nichts ansteuern, nichts wollen, nichts sagen – für wenige Sekunden. Stille. So geht man keinen ausgetretenen Weg, sondern den eigenen – und indirekt auch den, den Jesus einmal ging. Als er ausstieg, war keine Kamera dabei. Er zog in die Wüste, 40 Tage lang. Da war kein Mensch, es gab nur wilde Tiere. Als er die Wüste verließ, war er beseelt. Die Leute strömten zu ihm, um seine wunderlichen Worte zu hören. Doch nie erzählte er von dieser Auszeit direkt, schrieb seine Erlebnisse auch nicht auf. Vielleicht deshalb wird von seiner Auszeit auch heute noch erzählt.

Zirkus

Der Scherz verwandelt die Welt

Viele Kinder wirken seltsam seriös, was daran
liegen mag, dass ihr Tagwerk voller Wichtigkeiten steckt. Die kleinen Erwachsenen sollen im Bildungswettlauf nicht in Rückstand fallen und mit ihnen am besten auch das ganze Land nicht. Also wird gepaukt, die Schulzeit verkürzt, Hitzefrei ist abgeschafft. Dazu vermehren sich rapide die Nachhilfeinstitute, denn niemals soll es noch schlechte Noten geben. Die Muße und der Scherz hingegen, die kreative Form der Langeweile, können kaum noch Atem finden. Natürlich sind Pfeifen, Bildermalen und das Lesen von Geschichten erlaubt, aber nicht um der Macht der Fantasie zu dienen. Kreativität sei dagegen *deshalb* wichtig, heißt es, weil sie auf nützliche Weise Denken und Leistung fördert. Das Bildungsniveau des wirtschaftlichen Nachwuchses kann sich verbessern.

Inzwischen beobachtet man das Burn-out-Syndrom, die einstige Managerkrankheit, bereits an Kindern. Manche wirken wie ausgebrannt, und das, noch ehe sie im Leben richtig Feuer fangen durften. Auch Jugendliche zeigen sich kaum einmal verträumt: „Sie sind sehr pragmatisch“, stellten Jugendstudien kürzlich fest. „Viel nüchterner als früher." Aber warum? „Weil sie eben wissen, dass ihre Stunde im Verteilungskampf geschlagen hat." Auch Erwachsene tanzen nur selten aus der Reihe der Gegebenheiten, die es zu erfüllen gilt. Zugleich stellen viele bedauernd fest: „Es fehlen die Visionen!" Und tatsächlich: Die Klimadiskussion zum Beispiel gewinnt immer dann an Schwung, wenn mehr Umweltfreundlichkeit zugleich auch eine wirtschaftliche Blüte erhoffen lässt. Dabei könnte man sich doch auch wie ein Kind darauf freuen, dass an die Stelle diverser Verkehrsexzesse mehr Ruhe treten könnte. Stattdessen aber bleiben Wohlstand, Karriere, Urlaubsreise – diese drei, und der Wohlstand ist der Größte unter ihnen. Nur klingt die Hymne oft traurig, denn das Träumen scheint verschwunden zu sein für immer.

Dabei hofft ein ganzes Land, behaupte ich, so gut wie jeder, und mag es auch nur einen großen Tag lang sein. Und dieser Tag kommt immer wieder, so sicher wie das Jahr 365 Tage hat. Dann sind die Resignierten beseelt, die Zweifler überrascht, die Müden wach, weil der Scherz die Herrschaft übernimmt. Selbst nüchtern gestimmte Journalisten erliegen dem köstlichen Trieb des Spielens. Im Auftrag der Hoffnung entwerfen sie eine zauberhafte Welt. Die Wirklichkeit verwandelt sich – und viele glauben, was per Zeitung oder Radio zum 1. April ins Leben gerufen wird.

Als Kind erfuhr ich einmal, wie mein Dorf geadelt wurde. Es erhielt Besuch von Bundeskanzler Helmut Schmidt. Ein Foto bewies, wie er auf unserem Badesee im Ruderboot umhergeschippert wurde. Noch schöner aber war, was an einem 1. April vor einigen Jahren geschah: Topmeldung auf Seite eins gleich mehrerer Zeitungen: „Erster Spatenstich für den Bau einer ökumenischen Kirche", hieß es da. Pfarrer und Pfarrerin wurden zitiert: Das erste gemeinsame Abendmahl in dieser kleinen seligen Stadt sei nicht mehr fern! Mit Sondergenehmigung, weil es sich nun einmal um eine besondere Kirche handeln würde. Basilikachor katholisch und Kantorei evangelisch sollten zum ersten Spatenstich erscheinen und singen, sich dazu in eine gemeinsame Farbe kleiden. Das Wunder geschah: Es kamen viele und selbst die, die den Witz durchschauten, waren da und nicht enttäuscht, sondern machten große Augen. So ist das am 1. April: Der Scherz verwandelt die Welt. Das Leben wird zum Zirkus und alle dürfen Narren sein. Eine Kindlichkeit gewinnt, die zu nichts nütze ist. Spielend wird das Wunderbare wahr – wovon auch Jesus einmal gesprochen hat: „Wer das Reich Gottes nicht empfängt wie ein Kind, der wird nicht hineinkommen."

Mosaik

Auferstanden aus Archiven

Lebt die denn noch?“, fragten gleich mehrere Bekannte. Ich hatte eine Schriftstellerin für ein journalistisches Porträt besucht. „Wir haben in der Schule Bücher von ihr gelesen“, sagten viele. Und sie wunderten sich, dass diese Frau jenseits der 70 real existiert, also lebendig sei, man sie anrufen, sich mit ihr treffen und dann auch noch unterhalten könne. Etwas später kam eine Anfrage, ob ich mich an einer Buchreihe beteiligen wolle: Bekannte Personen sollen porträtiert werden. Ich schlug jene Autorin vor: „Die passt wunderbar“, war die Antwort. Nur gebe es da ein Problem: „In dieser Reihe dürfen nur Leute porträtiert werden, deren Leben abgeschlossen ist.“

Womöglich ist das ja ein Trend, die Toten den Lebenden vorzuziehen. Die blühende Gedenkjahreskultur jedenfalls sehe ich neuerdings mit anderen Augen: Luther, Mozart, Richard Wagner, Darwin, Liszt und all die anderen – womöglich feiert man sie alle deshalb so gern, weil sie ihre eigenen Feierlichkeiten nicht stören können. Niemals widersprechen sie dem Bild, das man von ihnen malt. Die Toten sind eben angenehme Zeitgenossen.

Man schätzt sie auch an Universitäten: Einmal schlug eine angehende Wissenschaftlerin als Thema für ihre Doktorarbeit einen lebenden Theologen vor. Die Idee wurde abgelehnt, denn: Sein Werk sei noch nicht vollendet. Die Antwort war auch deshalb bemerkenswert, weil die wichtigste These dieses Theologen lautet: Das Leben ist niemals vollständig, sondern fragmentarisch, ein Mosaik, in dem noch nicht alle Steine beisammen sind. Kurz darauf starb dieser mitreißende Prediger und Theologe – ganz schön jung. Wer weiß, für einige war sein Tod sicher ein Fortschritt für die Wissenschaft.

Als Journalist will ich noch immer den einen oder anderen lebenden Menschen porträtieren. Meine Ideen biete ich Redaktionen an, etwas zögerlich sage ich: „Lebt leider noch." Rasch schiebe ich hinterher: „Hat aber auch einen Vorteil, man kann Antworten erhalten, die das Archiv noch gar nicht kennt."

Das überzeugt aber nicht immer. Der Lauf der Zeit, Lexika und Mehrheitsmeinung haben noch nicht entschieden, ob diese Person auf Dauer wichtig sei. Vielleicht wartet man den Tod berühmter Menschen auch deshalb ab, weil sie ein Leben kennen, das quer zum Standard liegt. Das fordert heraus, es schreckt auf! Viel können sie erzählen, viel mehr als man selbst. So ist es gar nicht möglich, ihnen permanent die eigene Sicht der Dinge zu präsentieren, sondern man hört zu. Das gilt übrigens nicht nur für Betagte und Berühmte: Man kann es bei so gut wie jedem erfahren, der nicht in den üblichen Bahnen des Lebens schwimmt, sondern am Rand oder auch im Abseits lebt. Diese Leute seien etwas schwierig!, heißt es dann. Wer sie aber sucht, der staunt: Sie haben einen oft fantastisch schrägen und gelassenen Blick. In ihrer Gegenwart wird das eigene Leben aufgefrischt, man fühlt sich aufgeweckt.

Diese verstörende und doch wunderbare Lebenskraft erfuhren auch einmal drei Frauen, die damit überhaupt nicht gerechnet hatten, erzählt die Bibel. Denn sie hatten einen Toten gesucht: Jesus. Sie wollten seinen Leichnam salben, pflegen, seiner gedenken, sich seines Bildes vielleicht sicher werden. Sie fanden ihn nicht. Zwei Männer aber waren da in glänzenden Kleidern, die riefen ihnen zu: „Was sucht ihr den Lebenden bei den Toten?" Jesus lasse sich nicht archivieren. „Er ist nicht hier, er ist auferstanden."

Brief

Testamentseröffnung ohne Abschiedsschmerz

Als Jesus auferstanden war und sich von der Erde verabschiedete, wirkte das wie eine Szene aus einem Hollywoodfilm: Die Jünger gehen auf den Berg. Jesus erscheint, alle fallen nieder. Sätze ertönen wie Superlative. Von Himmel und Erde ist da die Rede, von der Taufe für alle Völker, von Vater, Sohn und Heiligem Geist und dass die Jünger andere unterrichten sollen, Jesu Worte zu bewahren. Um diese Szene musikalisch zu untermalen, reicht ein Sinfonieorchester kaum aus, es müssten schon mehrere sein. Aber natürlich ist die Bibel nicht für die Filmstudios in Hollywood verfasst, zumindest nicht nur. Wer Ohren hat zu hören, findet überraschende Zwischentöne. Bevor Jesus seine fulminanten Sätzen spricht, wird erzählt: „Einige aber zweifelten." Viele wünschen sich heute, Jesus ein einziges Mal gesehen zu haben. Dann wäre es doch mit dem Glauben leichter, denken sie. Die Jünger damals hatten es geschafft, sie sahen Jesus sogar als Auferstandenen. Und dennoch zweifelten einige! Die Szene, die das Matthäusevangelium beschließt, ist also keine süße Soße. Es handelt sich nicht um eine Propagandaschrift, in der alles stimmen muss.

Dank der erfrischend ehrlichen Bemerkung vom Zweifel der Jünger kann ich den letzten Worten Jesu gelassen lauschen. Auch ich darf gleichsam biblisch bestätigt zweifeln, wenn selbst einige der engsten Gefährten damals Bedenken hatten. Umgekehrt betrachtet bedeutet das: Wir sind heute offenbar gar nicht viel schlechter dran als die Menschen zu Jesu Zeiten. Zeitliche oder räumliche Nähe scheint keine Bedingung dafür zu sein, um ihn erleben zu können.

Also vertiefe ich mich weiter in diese Szene, die an eine Testamentseröffnung erinnert. Jesus hat seine Erben auf den Berg bestellt. Sie treffen ein, da wird das Testament geöffnet. Jesus hat keine Güter zu vererben, stattdessen einen Rat: „Bewahret meine Worte. Und taufen sollt ihr alle Völker!" Meine persönliche Bilanz sieht da nicht gerade prächtig aus. Ein einziges Kind habe ich getauft – vor vielen Jahren als Vikar. Das kann zwar nicht jeder von sich behaupten, aber angesichts zehn Jahre theologischer Ausbildung klingt es fast erbärmlich. Ich bin kein ordinierter Pfarrer geworden. Mit Jesu Rat, seine Worte zu halten, sieht es da schon etwas besser aus. Vielen Modetrends zum Trotz fußen die von mir verfassten Geschichten oft auf Jesu Worten. Trotzdem finde ich, dass ich häufiger in der Bibel lesen könnte. Denn wenn man mit und in ihr lebt, werden Jesu Geschichten auch andere erreichen. Mission beginnt bereits dort, wo ich an die Kraft von Jesu Sätzen glaube. Besonderen Halt können seine letzten Worte geben: „Ich bleibe bei euch alle Tage bis an der Welt Ende.“ Dieser Satz gibt seiner Testamentseröffnung einen wunderbaren Charme. Der eigentlich Gestorbene öffnet sein eigenes Testament, weil er lebt. Jesus verabschiedet sich nicht, er fährt laut Matthäusevangelium auch nicht in den Himmel, sondern sagt schlicht und einfach: „Aufgepasst, ich bleibe bei euch – für immer!“

Jesus fordert in seiner letzten Rede viel, stiehlt sich aber nicht davon. Sein schönstes Erbe ist, dass er bleibt. Das kann ermutigen, die Freude am Glauben mit anderen zu teilen. So bleiben Vater, Sohn und Heiliger Geist nicht für sich, sondern kommen in die Welt hinaus. Ich finde: Das mit dem Taufen geschieht dann schon von selbst, da sollte man niemanden drängen. Glaubenskriege wurden genug geführt. Nicht wir haben die Gewalt im Himmel und auf Erden, sondern Jesus, das sagt er selbst. Er lässt uns nicht allein, selbst wenn wir nicht zu den immer Überzeugten gehören. Auch den Zweiflern verspricht er seine Nähe für immer. Ich stelle sie mir wie die Verbindung vor, die mich mit einigen Freunden eint. Manche habe ich schon Jahre nicht mehr gesehen. Ich denke aber oft an sie – und auch sie vergessen mich nicht. Ab und zu erhalte ich ein Lebenszeichen aus der Ferne, eine Karte, einen Anruf oder Brief. Ich freue mich, weil wir einander nahe sind.

Stadtbad

Wie ich Gott finden kann

„Und? Wie war es in der Schule?“ Diese Frage stellte meine Mutter nicht zu oft. Denn nach einer halben Stunde Fußweg war ich zum Antworten meist zu müde. Der Ranzen war bücherschwer und seine Riemen schienen nur den Sinn zu haben, den Schultern noch lange nach dem Tragen in Erinnerung zu bleiben. An diesem Mittag aber war es anders. Ich antwortete auf die Frage, die sich meine Mutter wieder mal verkniffen hatte, von selbst. Den Schulweg war ich traumverloren heimgeglitten und jetzt rief ich im Flur, den Ranzen hatte ich noch nicht am Boden: „Wieder etwas aus der Bibel!“ Dann erzählte ich von dem Gottesstreiter, der nicht schlafen konnte, der ratlos war, sich fragte: „Habe ich alles falsch gemacht?“ Der sich dennoch traute. Allein vor dem Mächtigen stand er und widersprach. „Vogelfrei!“, lautete das Urteil. Wir hatten in der Religionsstunde spekuliert, was dieses Wort bedeuten könnte. Der Erzählfluss war unterbrochen. Die Spannung aber blies sich dadurch noch mehr auf. Wie ein träger, praller Luftballon schwebte sie durch die Klasse – bereit, bei der kleinsten Berührung zu zerplatzen. Vogelfrei hieß: Jeder durfte den Ratlos-Widerständigen töten, ohne dass der Mörder dafür belangt worden wäre. Der Vogelfreie bricht auf, jeden Augenblick dem Tod ins Auge schauend. Dann: Ein Hinterhalt, Pferde scheuen, Maskierte rennen auf die Kutsche zu, der Kutscher flieht, sie schnappen sich den Vogelfreien. Der Lehrer unterbrach die Geschichte, es läutete, Zeit fürs Ranzentragen. Und auch ich musste die Geschichte in der Küchentür stehend unterbrechen, wusste nicht, wie und ob es mit diesem Mann weitergehen würde. Mein Vater hatte sich dazugesellt, angelockt von meinem ungewohnten Redefluss. Ein Vater an einem gewöhnlichen Werktagmittag zu Hause? Ich gebe zu, ich bin ein wenig seltsam aufgewachsen: Nicht nur meine Mutter, auch mein Vater – beide arbeiteten zu Hause. Und wenn sie nur ein Fitzelchen Geschichte rochen, schienen sie bereit, die Arbeit sein zu lassen. „Aus der Bibel?", erinnerte sich meine Mutter an meinen Eröffnungsruf. Vielleicht sinnierte sie über die Kutschfahrten, von denen ich erzählte. „Wie hieß denn der Mann?"

„Martin Luther!", triumphierte ich, vielleicht mit dem Bekennereifer, den auch Luther einst auszeichnen mochte. „Der ist nicht aus der Bibel", erklärten meine Eltern und mussten lachen. Es erwischte mich kalt, es war fast so etwas wie ein Schock, von dem ich mich bis heute nicht ganz erholen konnte. Denn ich war mir plötzlich nicht mehr sicher, rätsele stets neu, frage mich sehnsüchtig: Wo ist Gott dann?

Für mich war bis dahin klar: Gott ist in der Bibel zu finden. Denn die besten Geschichten, die ich hörte, kamen aus dem Munde unsres Lehrers, erzählt im Fach Religion. Und bislang waren alle aus
60 der Bibel gewesen. Der Erzähler saß vorn, die Haare weiß, lose gescheitelt fielen manche in die Stirn, mit energischer Bewegung warf er sie zurück. Er wanderte, malte etwas an die Tafel – wohlgesetzte Verzögerungen, die eine Klasse voll unruhiger Kinder in absolute Stille verwandeln konnten. In Hunderten von Stimmen sprach er und es schien: Er selbst war die Geschichte. Ich loderte: Dieses Geschichtenfeuer war nichts anderes als göttlich, es war ja aus der Bibel. Aber jetzt das Lachen meiner Eltern. Die Geschichte mit Überfall, vogelfreiem Luther und seinem zittrigen, doch letztlich gewagten Widerstehen vor dem Kaiser – das alles sollte sich erst schrecklich viele hundert Jahre nach der Bibelzeit ereignet haben? Ich war mir Gottes nicht mehr sicher. Hatte ich nicht dasselbe Feuer wie bei biblischen Geschichten erlebt? Ist Gott in der Bibel, ist er außerhalb, wo ist er denn genau?

Es kam noch schlimmer. Zu Verwirrung eins, Gott nicht mehr eindeutig in der Bibel platziert zu wissen, gesellte sich Rätsel Nummer zwei. Bisher war es für mich logisch: Die Bibel, in der Gott rumort, hat etwas mit der Kirche zu tun. Folglich wird Gott auch dort zu finden sein. Obwohl: Gott höchstpersönlich hörte ich in der Kirche nicht, sondern den Pfarrer. Auch er erzählte biblische Geschichten, das aber war anders. Mein Lehrer konnte Überfälle, Liebe, Tod, Gefahren, Geschwister-Eifersucht und Betrügereien ins Klassenzimmer locken. Er liebte es, Spannung anzufachen und vor allem – er unterbrach Geschichten an entscheidender Stelle. Manchmal konnten wir die ganze Woche über kaum etwas anderes tun, als uns einen Weg auszumalen, auf dem die Geschichte in der nächsten Reli-Stunde weitergehen, -rennen, -sausen oder gefährlich stolpern würde. Anders bei dem Mann im Talar. Er steuerte im Kindergottesdienst schnell das Ende an. Wieso? Weil er dann Zeit hatte, die Geschichte abzufragen. Und wenn keiner eine Antwort gab, dann gab er sie selbst. „Wo ist Gott?" Für ihn war's klar: in der Kirche, im Gottesdienst. „Manche schicken ihre Kinder", fiel ihm eines Sonntagmorgens ein: „Als Ausrede. Sie selber sind nicht hier. Andere sagen, sie würden Radio hören. Ich aber sage euch und sagt es euren Eltern weiter: Im Radio ist Gott nicht." Mir war heiß geworden, ich wusste nicht wohin schauen, musste an meinen Vater denken, der statt des Pfarrers durchaus die eine oder andere kirchliche Radiostimme hörte. Zu Hause richtete ich aus: „Radio gilt nicht. Sagt der Pfarrer." Und mein Vater? Er lachte. Einfach so. Meine Mutter hob mit gespielter

Strenge den Zeigefinger: „Siehst du! Siehst du!“ Er aber schien sich zu freuen: „Damit bin ich gemeint!“ Er wiederholte, als ob es ein Schüttelreim wäre, lachte immer wieder: „Radio gilt nicht. Sagt der Pfarrer.“

Dazu muss man wissen: Mein Vater ist Pfarrerskind. „Och, ich habe mein Quantum an Gottesdiensten schon mit zehn Jahren erreicht.“ Alles andere sei Zugabe. Nicht dass er etwas gegen Kirche und Bibel hätte – das nicht. Nur verbreitete er in der Wohnung diese seltsame Aura von Widerständigkeit: sich nämlich nicht vorschreiben zu lassen, wo Gott genau zu finden ist. Klingt vielleicht gut, ist meinetwegen auch urprotestantisch – wegen der Gewissensfreiheit des Einzelnen und so weiter. Heute bin ich auch heilfroh, es nie recht zu einem respektablen Untertanen gebracht zu haben. Aber für ein Kind, das sich Klarheit wünscht, war das kein Kinderspiel. Es hätte einfach sein können, nämlich: „Wo ist Gott? In der Bibel. Und wo ist die Bibel? In der Kirche. Punkt.“ Das sagte vielleicht der Pfarrer, aber nicht mein Vater.

Inzwischen war ich Konfirmand und hörte den Pfarrer predigen. Hätte ich damals nur Strichliste geführt! Ich wäre Protokollant eines Rekords geworden. Denn keine andere Predigt, schien mir, hatte so viele Bibelsprüche aufzubieten. Zwischen den von ihm zitierten Versen geschah etwas, das mich an eine Endlosschleife erinnerte. Es war eine

Flut von Wörtern wie zum Beispiel Herr, Gott, Jesus, Christus, Erlöser, Heiland, Retter, Sünde, Gnade, Heil. Des Kirchenrufers Hoffnung war, nein, ich glaube, es war für ihn ein logisches Gesetz: Je mehr Gotteswörter, desto mehr göttliche Anwesenheit. Heute denke ich manchmal: Vielleicht war er auch selbst unsicher und hatte Angst, als Pfarrer sein Zweifeln zuzugeben? Wie auch immer: Ich konnte keine Spur an Göttlichem hören, wenn ich von der Vermutung ausgehen darf, dass Gott sich an den Predigtqualen eines Konfirmanden nicht ergötzt. Nichts fand ich von der träumerischen, mitreißenden Begeisterung wieder, die mich als Kind in die Geschichten des Grundschullehrers tauchen ließ. Mein Lehrer – selten war er in der Kirche. Und wenn, dann schaute er mich, den Konfirmanden, während der Predigt manchmal traurig an. Er war jetzt pensioniert, leitete die Bücherei des Dorfes, was gewiss kein Zufall war. Er mochte biblische Geschichten. Aber er schien sie nicht zu lieben, weil er etwa zwischen religiösen und bloß weltlichen Geschichten unterschied. Nein, er unterschied allenfalls zwischen gut und schlecht erzählten. Ich jedenfalls, erschöpft von der Gottwörterflut, floh bald die Predigten, lebte lieber in der Welt wundersamer Bücher. Längst war ich Jünger jenes Mannes, der in der Bücherei der tröstenden Welt fantastischer Romane diente. Und mir war egal, ob in ihnen von Gott die Rede war oder nicht.

Obwohl: Ganz so einfach war es auch wieder nicht. Untergründig hoffte ich nach wie vor auf Gott. Ich glaube, es trieb mich in die Theologie wegen jenes ungelösten Rätsels, dass sich göttliche Spannung nicht auf die Kirche beschränkt und ich sie dort auch nicht fand. Meine Umgebung wunderte sich: „Du? Du willst Theologie studieren?“ Ich glaube, ich tat es, damit für mein ganzes Leben kein Pfarrer von Talars Gnaden noch einmal sagen könnte: „Gott gibt's für dich in der Kirche. Bei mir, so wie ich es verkünde.“ Ich will nicht missverstanden werden: Ich hätte Gott gerne in der Kirche erlebt, ich sehnte mich danach – und sehne mich auch heute noch. Aber ich wollte mich nicht quälen: Warum sollte ich Gott in einer Kirche vermuten, die mich deprimierte? Wieso sollte er nicht in Geschichten stecken, die mich trösteten, zugleich unter Feuer setzten, auch wenn ich sie in einer Bücherei entdeckte, die weltlich war?

Dieses Geheimnis lockte mich: dass Gott sich vielleicht nicht nur – wenn überhaupt – in eine mit Jesusnennungen überfüllte Predigt begibt. Ein Fund bei meinem Weg in dieses Geheimnis hinein war kurios; ich entdeckte ihn bei Jesus selbst. Er überlegt: Wo ist Gott? Wo ist sein Reich? Und dann erzählt er Geschichten aus dem Alltag. Das Überraschende: Gott kommt darin gar nicht vor. Nein, natürlich kommt er vor, er muss in der Geschichte selber stecken. Sagt auch Jesus. Jede dieser Ge-

schichten sei eine Spur in Gottes Reich, behauptet er am Anfang seiner sonderbaren Erzählungen. Aber das Wort „Gott“ und all das andere oft bis zur Ermüdung traktierte Vokabular fehlen bei diesen Gleichnissen. Ich war befreit! Jesus selbst geht mit dem Wort „Gott“ äußerst sparsam um. Damit war ich auf ein gleichsam jesuanisches Recht gestoßen.
Ich musste mich für mein Feuer nicht mehr schämen, auch wenn es nur in den Nischen des Alltags zündelt. Aber was heißt „nur“: Ich spüre eine gleichsam himmlische Macht, wenn mich eine Bildersprache umfängt, die nicht nur informiert und sagt, wie alles ist, sondern anfängt zu spielen. Diese himmlische Sprache arrangiert alltägliche Worte neu, sie lässt mich einen Blick erhaschen, wie grenzenlos die Welt schillern kann. Klingt vielleicht abstrakt. Also sage ich es noch anders: Von Gott ahne ich etwas, wenn Kinder Geschichten hören und dabei anfangen in ein gegenstandsloses Nirgendwo zu schauen, die Augen offen, auf ein Traumreich gerichtet, das fern ist – und doch im Alltag anfängt, seine verführerische Macht zu entfalten. Und ich denke in diesen Augenblicken: Unterhalb dieser Verzauberung sollten wir erst gar nicht versuchen, über Gottes Aufenthalt zu reden. Denn warum sollte ich mich mit weniger zufriedengeben? Das hieße, Langeweile, die Herrschaft Grau und viele andere, meinetwegen auch als fromm etikettierte Qualen göttlich zu nennen.

Manchmal sitze ich am Computer, bin müde, überlege, ob ich mich nicht ergeben soll – der Norm einer mich oftmals umzingelnden Durchschnittssprache. Nach einigen Minuten Überlegen verschwinden die Buchstaben, die ich im Computer hinterlassen habe. Stattdessen läuft ein Satz aus dem biblischen Buch der Lieder an meinen Augen vorbei, es ist mein Bildschirmschoner, von dem ich mich nicht schonen lassen will. *Die Stimme des Herrn sprüht Feuerflammen.* Gott – vielleicht tummelt er sich jenseits der Norm, zwischen Worten, in Erzählungen, die entzünden können. Dann spüre ich den Herzschlag, komme außer Atem, vergesse Müdigkeit und Zeit. Als ob eine Flamme durch den Körper züngelt. Ich fange manchmal sogar zu zittern an, was meine Umgebung irritiert, mich aber erleichtert, denn jetzt verlache ich die Müdigkeit. Das muss nicht nur beim Erzählen geschehen, ich finde es auch im Spiel – wunderbar, wenn ich von der Flugbahn des Balls gefangen bin und dennoch frei: Denn alles hat endlich Sinn, weil ich für einen Augenblick nicht mehr nach Sinn frage.

Einmal, da kaufte ich mir Kleidung. Da sagte die Verkäuferin, die meine Pullover in eine Tüte verstaute: „Ahaa! Ihre Lieblingsfarbe ist Rot." Mir war es bei der Kleiderwahl nicht aufgefallen. Ihre Stimme klang ein wenig spöttisch. Sollen die Leute ruhig lächeln, ich gebe zu: Die Farbe des Pulsierens lehne ich nicht ab, sie erzählt von der feurigen Leidenschaft oder der Sehnsucht nach ihr. Und es ist auch jene Farbe, die in der Kirche an Altar und Kanzel hängt, wenn Pfingsten ist. Pfingsten – das war, als sich der Geist Gottes mit züngelnden Flammen auf Menschen ergoss, die müde und traurig waren. Der Geist packte sie, da redeten sie wunderbar, sie sprachen alle Sprachen der Welt oder konnten sie verstehen. Protokollieren lässt sich der pfingstliche Begeisterungstaumel nicht. Jedenfalls, aufregend war er, es muss ein Geschichtenfeuer gewesen sein. Und viele spotteten, die diesen Taumel von außen sahen: „Sie sind voll des Weins." Dabei war es gerade früh am Morgen. Mein Lehrer – er war mein Pfingsten. Ich sehne mich danach bis heute: trunken sein – und das ohne jeden Alkohol.

Auch heute noch bin ich zuweilen in der Kirche. Ist es eine Gewohnheitsschwäche? Vielleicht. Das mit der Predigt – na ja. Ich versuche meine Sehnsucht zu zügeln, in der Hoffnung, die Enttäuschung dadurch zu dämpfen. Oft vergeblich. Aber das Feuer, diese Verzauberung, streift mich unterdessen doch, und zwar beim Gang nach vorne zum Altar. Vielleicht hat es auch damit zu tun, dass der Kirchgang trotz der vielen Pausen zu einer über Jahre verteilten Übung wird, die empfänglich macht? Es muss jedenfalls die Idee eines heiteren Himmels sein, dass ich neuerdings etwas von jener Trunkenheit am Morgen ahne. Dabei gibt es vom Wein nur einen Schluck. Dazu ein Bissen Brot. Das

Beste aber für mich am Abendmahl: Niemand wird zuvor geprüft, keiner muss Eintritt zahlen oder ausgefallene Kleidung wählen, besonders jugendlich oder hochseriös sein. Alle sind eins, für einen Augenblick. Nichts wird gepredigt, nichts zerredet, gegessen wird zu uralten Worten ein Bissen Brot,

den Gott mir reicht.

Symbolisch. Doch immerhin kann es für einen Moment geschehen, dass ich mich aufgehoben fühle. Während des Erzählens, im Spiel, beim gemeinsamen Mahl: Das sind für mich Spuren Gottes. Dann ist mein Hunger gestillt. Doch der Hunger kommt wieder, er lässt sich nicht zügeln, fängt immer wieder an zu grummeln. Gott verweigert das gute Brot, gibt sogar bitteres. Vielleicht hält er sich auch nur unvornehm zurück, wenn ich vergeblich auf den Geschmack des Trostes hoffe? Wo ist Gott dann? Ich weiß es nicht. Rätselhaft, in der Ferne vielleicht, eingeschlafen. Ich kann nur davon träumen, dass sich die Bitterkeit im Mund eines Tages verwandeln wird. Das erinnert mich an Hiob. Es ist eine Erzählung jenseits einer angeordneten Fröhlichkeit. Das Buch handelt davon, dass die Zweifelnden und Verzweifelten sich nicht mehr verstecken müssen. Frommes Gewäsch ist gerade gut genug, um ausgelacht zu werden. Geschildert wird, dass Gott eine – fast muss ich sagen: sadistische – Ader auslebt, da er mit dem Teufel wettet. Hiob verliert wegen dieser Wette alles. Gott äschert

Hiobs Besitz ein, dazu lässt er sein Kind sterben. Nein, das ist nicht exakt. Alle seine Kinder vernichtet Gott. Der Vater wird schrecklich krank, er hatte keine Schuld. Und sucht sie bei Gott.

Hiobs Gewand passt nicht nur zu Hiob. Sein Kleid kann jeden finden. Sie wühlt auch in mir: Warum kann das Leben nicht einfacher verlaufen?
Warum zeigt sich Gott nicht häufiger? Warum der viele Krampf, all das Vergebliche? Es gibt Momente, in denen ich mich kaum bewegen kann. Lähmung, Zweifel und Verzweiflung. Wenn da doch das Feuer der Geschichten wäre! Das Brennholz jedoch ist nass. Ach, mein Lehrer, der Erzähler, ist schon lange tot, das ist Vergangenheit. Es gibt keine Lösung, keine Antwort, Gott ist fort oder ist er vielleicht sogar zu nah gekommen?

Gut diskutieren lässt sich Hiobs Fragen nicht, glaube ich. Eher lässt es sich teilen. So erlebte ich es, als ich eine Freundin wiedersah. Wir lernten uns kennen, als wir zu Studienzeiten im hebräischen Teil der Bibel stöberten. Viele Geschichten ließen sich vergnüglich lesen; ich schlüpfte für Momente in die Erzählheimat der Kindertage. Auch schauten wir ins Buch Hiob, jedoch: vertrackt zu übersetzen, kompliziert. Diese Wortkombinationen können ratlos machen, nicht anders als die Frage Hiobs selbst. Das Wiedersehen Jahre später stand lange auf der Kippe. Die Übersetzungskollegin war von einer Hiobsbotschaft überfallen, eine Krankheit

hatte sich wieder einmal nach vorn gespielt, ließ ihre Beine lahmen. Sie wusste nicht, ob sie überhaupt gehen konnte. Dann aber doch, ich fuhr. Ein Mal pro Tag konnte sie es sich leisten, die Treppen auf- und absteigen. Weshalb? Wochen zuvor hatte sie es verbotenerweise mitgerissen, sie tanzte. Und
70 dann Schmerz. Was ist das eigentlich für ein Gott, der aus Tanzlust Schmerzen macht?

Nicht dass das Wiedersehen nicht unterhaltsam war. Ich befand mich gerade in einer Art Fernsehfasten, um vielleicht auf diese Weise aus einem erschöpfenden Dämmern herauszufinden. Doch auf Reisen, sagt eine alte Fastenregel, gibt es Sonderkonditionen. Wir schauten, wie Deutschland einen Superstar suchte, und waren von der Frage Hiobs abgelenkt. Dann der Gottesdienstbesuch, das ließen wir uns nicht nehmen. Es war ein Gottesdienst der Sorte, in dem ein Pfarrer den Namen Gottes unaufhörlich nennt, ich aber kein Feuerknistern höre. Predigtworte gruppieren sich gewohnt: „Wir sind nicht von dieser Welt, doch in dieser Welt.“ Oder: „Kreuz und Krippe sind aus einem Holz.“ Meine Hiobsfreundin, die sich zu den Gebeten kaum erheben konnte, musste lächeln, das Zeichen, um uns auf den einen oder anderen kabarettistischen Zug der Veranstaltung aufmerksam zu machen. Das tat unseren Gott vermissenden Herzen gut.

Nach der Kirche ging es ins Wasser, dessen

Kräfte Schmerzen lindern können. Ich debütierte im Stadtbad. Ein Bad, wie ich es bis dahin nur von Bildern kannte. Gebaut als Palast, mit Mosaiken und dem Charme von fast 100 Jahren. Ich staunte: Es gab persönliche Kabinen – ohne jeden Aufpreis, ungelogen! Das geht so: Der Badegast merkt sich die Nummer der Kabine, in der die Kleidung die Plätscherzeit über ruht, um sie am Ende des Bads der Badefrau zu nennen. Wie wäre das, fantasierte ich, in diesem Bad einen Krimi spielen zu lassen. Mitten im Hochbetrieb sagt der Gejagte der Kabinenfrau eine falsche Zahl. Sie kann sich bei 50 Badegästen ohnehin nicht alle Kabinennummern merken. Dann zieht der Flüchtende die Kleidung eines anderen an und schüttelt die Verfolger ab, die vor dem Eingang Wache schieben. Warum eigentlich die Rolle des Flüchtlings nicht selber übernehmen? Wir bräuchten der Kabinenfrau nur eine andere Nummer zu sagen und schon hätten wir uns den Hiobskleidern und Gottes Achselzucken davongestohlen. Ich feilte in Gedanken an der Geschichte weiter, da war es zu spät: Badeschluss! Wir gehörten zu den Letzten. Fast alle Kabinen waren jetzt ohne Kleider. Uns blieb nichts anderes übrig, als in die eigenen zurückzuschlüpfen. Und doch: Wasser kann beleben. Dazu macht es auch hungrig. Am Abend hielten wir das Mahl. Sie sprach eine alte Formel, ein Tischgebet. Als wir dann ins Essen fielen, sagte sie: „Die letzten Monate war

Gebetsboykott.“ Sie lächelte. Das sei nicht anders als bei jener Hiobsfigur, von der ein gar nicht alter Roman erzählt. Ein Jude, den der Himmlische furchtbar betrogen hatte, will sich an Gott rächen, nachdem er ihm so lange treu gewesen war. Er geht ins nichtjüdische Viertel und isst – Schweinefleisch. Mit Genuss. „Um Gott zu ärgern!“ Meine Hiobsfreundin lachte. Und ich weiß nicht, da war er doch – war er da? Im Gebet? Ich hörte ihn in diesem Lachen, mit dem sie von ihrer Rache gegenüber Gott erzählte.

Wellengang

Galoppierende Gefühle

Es gab in meinem Leben Zeiten, da kaufte ich mir nicht nur ein Eis, sondern gleich zwei oder drei an einem Tag – oder waren es noch mehr? Im Rückblick lächelt man über solch kindliches Übermaß, schämt sich vielleicht auch ein bisschen dafür, weil viele empfehlen: „Auf das richtige Maß kommt es an, nicht nur beim Eisverzehr. Nicht zu viel und nicht zu wenig, so findet man sich im Leben zurecht." Aber wie ist das eigentlich mit dem rechten Maß, wenn das Leben hohe Wellen schlägt? Dann ist es schwer, maßvoll zu reagieren. Einmal, wird in der Bibel erzählt, erlebten Jesu Freunde eine Angst, die unbezifferbar gewaltig war. Sie befanden sich im Sturm – allein! Alles war dunkel, dazu Gegenwind, dem Boot drohte der Untergang. Und Schwimmwesten gab es damals nicht. Jesus hatte seine Freunde indirekt auch noch in diese Lage gebracht, sie nämlich angetrieben, endlich einmal ohne ihn in die Welt hinauszugehen beziehungsweise in See zu stechen. Das Höchstmaß an Schlimmem war aber noch nicht erreicht. Die Jünger erfuhren ein Grauen, unheimlich ungreifbar war es: Ein Wesen steuerte aus der

Nacht heraus auf sie zu, es kam immer näher. Nach den Rezepten vieler Lebensberater hätten die Bedrängten die Situation jetzt entemotionalisieren müssen. Zum Beispiel so: „Im Leben gibt es auch mal ungünstige Stunden. Freude und Leid wechseln einander ab, alles hat seine Zeit. Keine Nacht

wird ewig dauern."

Die Jünger aber waren in diesem Augenblick nicht fähig, ihre Gefühle in eine sie beruhigende rationale Stimmungslage hinüberzuführen. „Ein Gespenst!", schrien sie. Es war dieser Gefühlsausbruch, der dazu führte, dass das vermeintliche Gespenst die Worte sprach: „Ich bin's." So wurde aus dem Grauen das Gegenteil: Trost. Jesus hatte die in ihrer Angst Verlorenen gefunden. Damit aber geht der Erzähler der Geschichte noch immer nicht zum mittleren Maß über. Denn einer von Jesu Freunden fühlte sich nun offenbar gleich so sehr getröstet, dass er Jesus entgegengehen wollte. Dieser Mensch mit Namen Petrus sprang aus dem Boot in den See, wobei die Präposition *in* in diesem Fall unpräzise ist. Er landete nämlich nicht in, sondern *auf* dem nassen Element. Dann ging er über Wasser, Wellenkämme, durch Dunkelheit, Wind und Wellentäler hindurch der Geborgenheit entgegen. In diesem Augenblick war klar: Menschen können alles! Allerdings nicht immer: Petrus verliert das Ziel kurz aus den Augen, schaut auf den starken Wind, sofort mischt sich in die Euphorie ein Zögern.

Sein unbegrenztes Vertrauen mündet in ein mittleres Maß, das sich als überhaupt nicht gesund erweist: Petrus sinkt. Sofort greift Jesus ihm unter die Arme, wie ein Vater dem übermütigen Kind. Und dann? „Petrus, mein lieber kleiner Petrus, was denkst du, wer du bist? Hochmut kommt zu Fall, führt in den Untergang. Wärst du besser im Boot geblieben! Du musst in Zukunft deine Möglichkeiten realistisch einschätzen, Übermaß ist ungesund. Zu viel Eis pro Tag ist nicht förderlich genauso wenig wie mutige Wasser- und Wellengänge." Nein! All das sagte Jesus nicht, sondern argumentierte in die Gegenrichtung: Bescheidenheit kommt zu Fall! Indem er Petrus als kleingläubig bezeichnet, lobt er indirekt seinen riesenhaften Mut, mit dem er aus dem Boot gestiegen war. Jesu Reaktion ist ein Segen: Hilfe darf gerade auch der erwarten, der seine Gefühle nicht immer mit mittlerer Phonstärke und klug artikuliert in die Welt wandern lässt. Wer schreit, hofft auf Geborgenheit. Sie kann einen selbst in der Nacht ereilen, die keinen Tag verspricht. Wer solchen Trost erfährt, lege auch der Freude keine Zügel an, das ist ungesund. Gefühle müssen auch mal galoppieren.

Liegestuhl

Urlaub machen wie früher:
Das Gebet

Klare Ziele setzen!“ Nicht nur in der Welt des Business gilt das als wichtige Empfehlung. Zu den Zielvorgaben, die es zu setzen gilt, treten Zielkontrollen, die regelmäßig erfolgen sollen. Wichtig sei auch, das Ziel möglichst direkt anzusteuern. Vor wenigen Jahren noch zimmerten viele gemütlich an ihrem Häuschen herum. Bis zur Fertigstellung gingen schon mal Jahre ins Land. Wenn in meiner Umgebung eine Baulücke in Angriff genommen wird, ist sie schnell verschwunden. Eben noch wiegte sich wildes Gras im Wind, drei Monate später hat die Gartenfirma bereits den Rasen ausgerollt. Der Bauschutt ist weg, Grillgeruch zieht ums frische Gemäuer, Gläserklirren, Hauseinweihung – das gesteckte Ziel ist erreicht! Was aber nun? Zeit, sich neue Ziele zu setzen.

Fährt man zu Kongressen oder Seminaren, heißt es oft zum Einstieg: „Phase eins: Wir kommen erst mal an.“ Aber ist man denn nicht längst da?, fragt man sich als Seminarteilnehmer. Natürlich! Aber selbst wenn man im Seminarraum Platz genommen hat, geht es offenbar darum, im Leben niemals sitzen zu bleiben. Es zählt das Sich-Bewegen, das Ankommen, Aufbrechen, Ankommen, Aufbrechen. Erwischt einen ein ruhiger Augenblick, soll man ihn am besten nutzen, um sich die Frage zu stellen: „Wo will ich in zwei Jahren stehen?“ Wobei dieses Stehen dann gewiss schon wieder in ein Vorwärtsgehen mündet.

Ab und zu unterbricht man sich dann doch, man atmet auf: der Urlaub. Endlich darf ich die Füße und die Seele baumeln lassen. Jedoch macht die Unterbrechung im sonst lückenlosen Leben vielen auch Angst. Denn weshalb wirkt der Urlaub so, als ob es sich um ein leistungsorientiertes Abarbeiten eines Programmkatalogs handelte? Das Übernachtungsangebot ist oft ein Arrangement. Nicht nur in fernen Ferienklubs, sondern auch im heimischen Kleingebirge wird man animiert: Sektempfang, Menü mit vielen Gängen, Kutschenfahrt, Fackelwanderung und Wildwiesenpflanzenpflücken. Dazu gibt es Trainer für das Fitness-Walken und die Wege weisen zu Stempelstellen, sodass der Wanderpass am Ende belegt: Der Urlauber hat alle Ziele erreicht.

Theoretisch betrachtet kann man den Urlaub auch ziellos im Liegestuhl verbringen. Einfach einmal dösen. Sich entspannen – das ist natürlich auch erlaubt, aber selbst das Nichts-Tun soll professionell betrieben werden, auch dafür gibt es einen Coach. Der Wohlfühlfaktor wird akribisch gesteigert, was auch für das Arbeitsleben profitable Folgen haben wird.

Manchmal frage ich mich, warum eigentlich so oft die Rede davon ist, sich Ziele setzen zu müssen. Vielleicht weil man vermisst, was man sich besonders wünscht? Viele ahnen es, sie haben es erfahren müssen: Das Leben lässt sich nicht mal so eben planen, oft ist es kaum beherrschbar. Wohl deshalb versucht man es umso heftiger, was verkrampfte bis kuriose Züge haben kann. Da entlastet ein Blick auf Jesu Leben, das ziemlich ziellos wirkt. Die Stationen seines Wanderns durch Galiläa und Judäa kann ein geübter Hobbywanderer in wenigen Tagen abklappern, Jesus brauchte dafür aber Jahre! Er steuerte viele Orte mehrmals an, manche Wege ist er immer wieder gegangen, hin und her, er drehte sich im Kreis. Oder er saß – am Tisch und blieb dort lange sitzen. Das zielbewusste Vorwärtsrennen war nicht seine Sache. Er ließ sich eher treiben, als dass er getrieben wirkte. Das Beste im Leben lässt sich ohnehin nicht zielgenau erringen, sagte Jesus. Es kommt eher auf einen zu. So lehrte er die Menschen zu Gott beten: „Dein Reich komme."

Stadion

Wo der Rasen heilig ist

Als ich einlief, erlebte ich einen Rausch – und das ohne einen Tropfen Alkohol. Dabei lief ich nicht besonders schnell, erzielte keinen Rekord, niemand jubelte mir zu, ohnehin waren die Tribünen unbesetzt. Doch als ich beim Volkslauf durchs Marathontor gerannt war, eine letzte Runde auf der Tartanbahn gedreht und die Ziellinie passierte hatte, spürte ich eine Zufriedenheit von olympischem Ausmaß. Ich fühlte mich gelöst, ganz frei: Oberhalb der Tribünen konnte ich die Baumwipfel des Frankfurter Stadtwalds sehen, durch den ich gerade zehn Kilometer gelaufen war. Geschafft!

Einmal im Leben die Laufbahn eines großen Stadions berühren, diese Erfahrung ist heute kaum noch möglich. Egal ob im Stadion oder als Fernsehzuschauer eines Fußballspiels – nach einer Laufbahn wird man vergeblich Ausschau halten. Auch das Frankfurter Stadion besitzt keine mehr. Außerdem wurden beim letzten Umbau die Ränge so weit in die Höhe gezogen, dass man keinen Baum mehr sehen kann, wenn man im Stadion ist. Womöglich hat es auch deshalb den Namen Waldstadion abgelegt und wurde nach einem gro-

ßen Geldinstitut benannt, mögen die Fans es auch immer noch beim ursprünglichen Namen nennen. Fast alle großen Stadien in Deutschland sind zu Fußballarenen geworden. Dank der steilen Ränge wird das Spielfeld zum Boden eines Kessels, die Stimmung soll steigen. Dazu soll es nicht ziehen,
80 Schnee und Regen dürfen nicht stören. Die Veränderung spiegelt einen nicht nur beim Fußball verbreiteten Wunsch wider: Man will nah am Geschehen sein und hat Angst, etwas zu verpassen. Wenn man früher in der Kurve stand, war man auf Vermutungen angewiesen, was am gegenüberliegenden Tor gerade geschah. Die Fans versuchten sich untereinander aufzuklären, weil niemand Genaues sah. So gerieten von ein und demselben Spiel mehrere Versionen in Umlauf. Verständlich, dass viele von den heutigen Arenen schwärmen, selbst wenn dort für Leichtathleten gilt: Bitte draußen bleiben! Überraschend freilich ist: Der Mittelpunkt der Arenen, das Spielfeld selbst, wirkt nicht gerade glücklich. Den Stadionrasen kann man kaum noch heilig nennen, zumindest wird er niemals alt. Er wächst nicht fest, sondern wird alle paar Monate neu verlegt. Zu wenig Sonne, zu wenig Luft – er hält den Belastungen nicht stand, die durch die Kessellage entstehen.

Manchmal freue ich mich, wenn ein Fußballklub in Geldnot gerät. Dann kann er sich kein neues Stadion leisten, das alte darf vorerst stehen bleiben. Dort wird man bei Regen noch nass und kann während des Spiels auf Bäume schauen oder die Aschenbahn betrachten. Wer solche Stadien betritt oder einen Dorfsportplatz besucht, kann nicht nur die Zuschauer jubeln hören, sondern auch die Halme des Rasens.

Spielbein

Die himmlische Militärabteilung

Wir sind gut aufgestellt“, versichert ein Brigadegeneral der Bundeswehr. Das Statement passt zum Militär, das über eine gute Heeresordnung verfügen will. Auch außerhalb des Militärs hat es einen Siegeszug angetreten, ist aus den Mündern von Geschäftsführern und Pressesprechern zu vernehmen. Und Parteien verkünden vor dem Wahlkampf: „Wir sind gut aufgestellt. Die anderen fürchten uns mehr und mehr.“ Auf Neujahrsempfängen in Kleinstädten hört man die Formel, wenn es um die Zukunft geht. Ich muss dann an einen Abwehrriegel denken: Keine Lücke soll es geben! Auch das Bild einer Burg drängt sich auf. Türme, Mauern und Wachdienste stehen fest und sicher. Den gut Aufgestellten jedenfalls geht es kaum um Leichtigkeit oder eine spielerische Bewegung, was mich ärgert. Warum? Es liegt wohl daran, dass ich als Kind unendlich viele Stunden auf dem Sportplatz verbrachte. Da war nicht nur das Standbein, sondern auch das Schwung- und Sprungbein bedeutsam. Und als die Schulzeit beendet war, verbrachte ich fast ebenso viele Stunden vor Bühnen, wo Tanz, Theater, Zauberei zu sehen waren. Auch dort ging es nicht allein ums Stehen, sondern um sich bewegende Formationen, das Spielbein spielte die entscheidende Rolle.

Wer allerdings gut aufgestellt sein will, für den scheinen festes Stehen, Prestige und eine gute Stellung wichtig zu sein. Vielleicht drückt sich in dem Beschwören dieser Formel indirekt nur die Befürchtung aus, vom Feld geweht zu werden oder hinzufallen? Nicht stolpern zu können, das versichert man sich und anderen gerade dann, wenn nichts mehr sicher erscheint, in Krisen. „Trotz des schlechten Geschäftsjahres, in diesen Umbruchzeiten", heißt es in Unternehmen, sei man nicht nur gut aufgestellt, sondern auch gut gerüstet. Selbst im Entführungsfall, bei Lebensgefahr, wird vom Auswärtigen Amt versichert: Man habe alles im Griff, schließlich sei der Bundesnachrichtendienst in dieser kritischen Gegend „traditionell gut vertreten". Auch in den Kirchen wird die Formulierung verwendet, obwohl sie oft darauf verweisen, dass das Leben nicht bollwerkähnlich abzusichern sei.

Wo aber haben dann diejenigen ihren Platz, die ohne Rüstung leben, vielleicht krumm geworden sind oder auf freche Weise gemütlich gehen, abseitsstehen oder irgendwo verweilen? In einer ganz bestimmten militärischen Abteilung wären sie gewiss sehr angesehen. Ein eigenartiges Heer ist das, es ist das Heer der himmlischen Heerscharen. Seine Soldaten, die Engel, sind nicht gut aufgestellt, sondern kommen fliegend durch die Luft, um zwischen Hirten und Schafen ihr Lied zu singen. Dieses Lied – es wird in jedem Gottesdienst gesungen – handelt von einem Frieden, der alle Burgen, Abwehrriegel und fest geschlossenen Reihen lächerlich erscheinen lässt. „Ehre sei Gott in der Höhe und Friede auf Erden bei den Menschen seines Wohlgefallens." Wem aber gilt Gottes Wohlgefallen? Vom Frieden singen durch die Lüfte fliegende Engel. Da gilt er gewiss gerade auch denen, die nicht gut stehen können, die wacklig gehen, stolpern, gefallen sind – oder sich wünschen, einmal frei von Erdenschwere einige Zentimeter über dem Boden zu schweben.

Badehose

Freiheit, Gleichheit, Eigensinn

Es gibt Orte, die sind gesellschaftlich betrachtet relevant, auch wenn man es auf den ersten Blick gar nicht vermutet. Ein solch politisch-visionärer Ort ist das Freibad. Bei Kommunalpolitikern findet es das Jahr über eher wenig Beachtung. Im Sommer aber tauchen Ortsvorsteherin oder Bürgermeister dort schon mal auf und signalisieren: „Wir sind tätig und auch in den Ferien für die Menschen da.“ In den Sommerwochen können Bürgermeister kaum Straßen eröffnen, da ist selten ein erster Spatenstich, auch der Besuch von Fastnacht, Weinfest oder Weihnachtsbasar fällt natürlich weg. Was tun, wenn auch der Stadtrat Pause hat? Also sieht man das Oberhaupt über Liegewiesen spazieren, es wagt sich ans Wasser. Wobei sich die Freibadbesuche der politischen Prominenz erheblich unterscheiden können.

In der Kleinstadt an der hessisch-unterfränkischen Grenze, in der ich lebe, hat die Vertreterin eines Fachwerkstädtchens im Freibad ein Kinder-Spielfest eröffnet. Zuvor wurde gemutmaßt, wie genau sie dort erscheinen würde. Aber dann: Die Seriosität blieb gewahrt, schließlich handelt es sich um eine Stadt, die einst Einhard, der Biograf von Kaiser Karl, gegründet hat. Doch selbst hier tragen Väter, Mütter, Oma, Opa und natürlich auch die Kinder wie an jeder anderen Schwimmstätte der Republik einfach nur Badesachen. Die Bürgermeisterin aber kam im Kostüm, bestens frisiert, und Schuhe trugen sie über das Pflaster, wo sich die Füße normalerweise der Nacktheit freuen dürfen.

Ganz anders die kommunalen Spitzenkräfte eine Spazierfahrt entfernt – mitten im Spessart. Dort ist im Sommer ein 24-Stunden-Schwimmen im Naturbad angesetzt. Die Bahnen der Schwimmer werden gezählt, jede wird gesponsort und der Erlös hilft, dass das Bad weiterleben kann. Auch hier kommt der Bürgermeister, dazu Kollegin und Kollege aus den Nachbarorten, die alle – ins Wasser springen. Das Pressefoto zeigt sie fast wie von Gott erschaffen, das heißt, man erkennt nur ihre Köpfe, die Körper sind wegen des Naturfarbtons des Wassers verborgen. Man kann aber die These wagen: Ihre gewohnte Kleidung haben sie gewiss nicht mit ins Becken genommen, man sieht ihnen ihre Prominenz also nicht an.

Die Bürgermeister in Badekleidung – sie bezeugen den sommerlichen Freibadfrieden. Nicht weil sie sich besonders sportlich zeigen, sondern weil sie sich an die wundersame Regel halten: In diesem schönen Gehege herrscht keine Hierarchie, die Geschäftigkeit bleibt draußen, dazu der Drang, sich immerzu seriös präsentieren zu müssen. Stattdessen gilt: Anzug, Krawatte, Kostüm und Brosche sind verbannt. Demokratie auf der Liegewiese! Natürlich halten im Becken einige den Kopf leicht angestrengt über Wasser, um ihre ausgezeichnete Frisur zu wahren. Und dennoch wirken alle gleich. Bis auf die Badekleidung zeigen sie sich ursprünglich wie selten. Sie haben alle dasselbe Kleid an, sind nicht verkleidet, sondern Leib, Haut, Fett und Knochen. Jetzt gilt Freiheit, Gleichheit – aber doch auch Eigensinn. Denn die Unterschiede dürfen bestehen bleiben, sie treten im Freibad sogar hervor. Unverwechselbar, originell und eigen zeigt sich der Mensch: klein, groß, dünn, beleibt. Kein Sportprogramm, keine Diät und auch kein Chirurg könnte jemals aus dieser Vielfalt eine Einheitsmasse formen. Im Freibad erfahre ich etwas von dem wunderbar freien und friedlichen Zusammensein, von dem der Apostel Paulus einmal schwärmte: „Ihr alle, die ihr auf Christus getauft seid, habt Christus angezogen. Hier ist nicht Jude noch Grieche, hier ist nicht Sklave noch Freier, hier ist nicht Mann noch Frau; denn ihr seid allesamt einer in Christus Jesus."

Verkehrskreisel

Majestätisch träge fließt das Leben

Es gab Zeiten, in denen heftig gestritten wurde über den Sinn und Unsinn von Straßen. Seit einigen Jahren aber sorgt für Gesprächsstoff, was die Straßen oft verknüpft: der Kreisel. Als ich in eine Gegend mit vielen Neubaugebieten gezogen war, fiel mir die frappierend hohe Zahl dieser Verkehrsobjekte auf. Allein in unserem kleinen Neubaugebiet damals schien es mehr davon zu geben als in so mancher großen, nicht ganz so neu gebauten Stadt. Warum aber tritt dieses Objekt eigentlich in dieser Dichte auf? „Der Kreisel macht, dass der Verkehr unablässig fließen kann“, erklärte mir jemand, der von Berufs wegen stets die aktuellsten gesellschaftlichen Entwicklungen beobachtet. Bei seiner Antwort fiel mir auf, dass er einmal ähnlich argumentiert hatte, als er erzählte, was ihn an seinem Beruf motivieren würde: „Ich kann permanent im Fluss des Geschehens mitschwimmen.“

Der Kreisel scheint mehr als nur ein Instrument zur Regelung des Verkehrs zu sein. Er ist auch ein Symbol für das, was sich viele wünschen, nämlich niemals ins Stocken zu geraten oder stillzustehen. Zwischen den Parteien und in den Leserbriefspalten der Ortspresse wird oft erbittert diskutiert, wie der Kreisel am Ortseingang gestaltet werden soll. Denn jeder Ort verfügt über mindestens einen asphaltfreien Mittelkreis, der mit Skulpturen, Bäumen oder Blumen geschmückt werden kann. Ob es bald einen landesweiten Wettbewerb geben wird? Motto: „Unser Kreisel soll schöner werden.“

Unterdessen bin ich aus dem Neubaugebiet einige Kilometer weitergezogen, in eine ziemlich ehrwürdige Kleinstadt, was aber nicht bedeutet, dass man sich den aktuellen Entwicklungen verschließen würde. Ich muss nur das Haus verlassen, da kann ich ihn schon sehen: den Kreisel, der das Stadtbild eröffnet. Als Symbol wurde ein Tor in historischem Gewand gewählt, das immer offen steht – wie ja auch der Verkehr unablässig fließen darf. Das rustikale Tor schließt nie, weil die eisernen Flügel in ihrer erwartungsfrohen Stellung fest montiert sind. Im Herbst ist das Torobjekt von Blättern übersät, aber auch sie stören den Verkehrsfluss nicht. Denn jedes einzelne Blatt ist mit einer Nadel in den Rasen festgepiekt. Das belegt: Was einst für Kirchturm oder Rathaus galt, wird inzwischen dem ersten Kreisel des Ortes zugeschrieben. Er wird als Aushängeschild der Kommune wahrgenommen.

Einige Siedlungen haben es mit ihren Kreiseln zu überregionalen Ehren gebracht. Einem Ort gelang sogar der Auftritt im Regionalfernsehen! Man hatte einen Asphaltkreis mit Höhenunterschied gebaut. Manche sprachen gar von einer Steilkurve, die an eine Bobbahn erinnere. Das war natürlich übertrieben, doch der landesweit bekannte Kreisel dient nicht nur den Autos. Dank der Schräglage ist eine Untertunnelung möglich geworden, die ein Gefälle hat. Dadurch können auch die Frösche bei ihren Wanderungen nicht ins Stocken geraten.

Das Leben – immer im Fluss! Bei so viel Bewegung kann man schon einmal ins Schwitzen kommen. Wohl deshalb biege ich mit Absicht zuweilen in Wege ein, die erfrischend altertümlich sind. Auf dem Straßenschild ein Kreuz mit rotem Balken: Sackgasse! Bei uns enden sie oft am Main. Dort halte ich an, lege mich ins Ufergras und genieße den sonderbaren Augenblick: Ich bin am Fluss – aber nicht im Fluss. Ich sehe das Leben majestätisch-träge fließen, atme auf, und für einen Moment bin ich gewiss: Ich muss nichts tun. Denn alles ist getan.

Wiese

Unglaubliches Detail

Eins der eigenartigsten Phänomene am Glauben für mich ist: Er speist sich aus Erzählungen, die unglaublich sind. Darauf legt es eine Erzählung aus dem Johannesevangelium ganz besonders an. Sie will unglaublich sein, weil in ihr das unmöglich Erscheinende auch noch hervorgehoben wird. Erzählt wird, wie Jesus wieder einmal ins Erzählen kommt. Viele Leute hören zu, bekommen Hunger. Jesus macht allerdings nicht nur viele Worte, sondern auch viele Brote. Dabei hatte er nur wenige zur Hand. Dennoch werden tausende Menschen satt. Heutigen Interpreten ist die Geschichte oft ein wenig peinlich. Sie suchen nach Erklärungen dafür, dass es in Wirklichkeit nicht so üppig zugegangen sein kann. Der Evangelist selbst jedoch schmälert das Ausufernde der Geschichte nicht. Akribisch wird die Zahl der Körbe samt der übrig gebliebenen Brocken angegeben. So großzügig also will Gott sein! Und ich frage mich: Warum sollte ich mich eigentlich mit weniger an Hoffnung zufriedengeben? Gottes Wille kann nicht sein, dass Menschen hungern müssen. So handelt auch Jesus. Als er die vielen Menschen zu sich kommen sieht, ist sein erster Gedanke nicht: „Da hat sich die bisherige Arbeit aber gelohnt.“ Oder: „Wie beginne ich die Predigt, um die Menge sofort in meinen Bann zu ziehen?“ Oder: „Großartig! Viele sind schon auf der Spur des Glaubens!“ Woran denkt Jesus stattdessen? Der erste Gedanke gilt dem Essen; er fragt Philippus nach Brot.

In Jesu Nähe muss sich niemand schämen, der oft oder sogar ständig Hunger hat. Während eines Bewerbungsgesprächs bei einer großen deutschen Tageszeitung wurde ich einmal gefragt: Haben Sie nun auch noch eine Frage an uns? Der Fragesteller verhielt sich damit exakt so, wie man es im Handbuch für Bewerbungsgespräche lesen kann. Nur reagierte ich dann wohl nicht ganz im Sinne des Handbuchs, als ich fragte: „Wo kann man hier denn etwas essen?“ Nicht Philosophie, Kultur oder das Weltgeschehen hätte ich bei der Zeitung beackert, sondern Reportagen aus dem Lokalgeschehen standen zur Debatte. Dennoch schauten mich die Redakteure an, als käme ich aus einer fernen Welt. Und sie beantworteten die Frage sachlich und damit so, als ob sie noch nie in ihrem Leben Appetit verspürt hätten. Jesus hätte sicher Verständnis für mein Fragen gehabt, hätte mich vielleicht sogar umarmt! So ist es dann auch gekommen. Statt bei der großen Zeitung habe ich lieber bei jenem Lehrer hospitiert, der so viel Wert aufs Essen legt. Noch immer bin ich bei Jesus in der Lehre – unendlich viel habe ich schon bei ihm gelernt, nie lerne ich aus. Nicht nur das Essen, auch das Glauben, Lieben und Hoffen soll um seinetwillen kein Ende nehmen.

Was mir an Jesus als Lehrer außerdem gefällt: Er schaut auf die Welt mit kindlichem Blick. Deswegen können ihn Kinder oft spielend leicht ver-
stehen. Es wird kein Zufall sein, dass ihm bei der Brotvermehrung ausgerechnet ein Kind seine Brote und Fische überlässt. Welch ein Risiko! Das Kind ging es ein. Sein Mut wurde belohnt. Ich glaube: Die kindliche Kraft, das Unmögliche für möglich zu halten, kann man sein Leben lang bewahren. Mit ihr können Wunder möglich werden, die zugleich eigenartig realistische Züge tragen. Viel Gras war an dem Ort, wo sich die Menge damals lagerte, wird erzählt. Gott hat eben für alles gesorgt, auch für dieses Detail. Noch nicht mal Decken waren also nötig, um gemütlich unter freiem Himmel zu speisen. Es gibt Augenblicke, die ahnen lassen, wie üppig doch das Leben ist.

Etwas aber fehlt: Ein Protokoll der Brotvermehrung gibt es nicht, kein Film und keine Fotos zeugen von Jesu Tat. Selbst biblische Archäologen werden keine Spuren der Brotvermehrung ausgraben – Reste von den Körben, in denen die Brocken gesammelt wurden, wird niemand finden. Denn Jesu Wunder schmeckte wunderbar, war ganz alltäglich, wirkt aber auch fast schon wieder überirdisch. Einige, die es erlebten, versprachen sich eine neue Politik und das Paradies auf Erden, als sie wünschen: „Wir wollen einen Staat, in dem Jesus der Führer und König ist!“ Jesus aber taugt nicht zum Kanzler oder Präsidenten. Er hat kein Wahlprogramm nach dem Motto: „Brot und Fisch für jeden – bis zur nächsten Wahl.“ Er entweicht den Forderungen und zieht sich zurück, da ist er ganz für sich allein. Ein irritierend karges Ende nach dem fantastischen Luxus. Der Rückzug Jesu kann bedeuten: Der auf die Wiese gezauberte Reichtum kam von innen her. Zum umtriebigen Manager einer Imbiss-Kette wird Jesus nicht werden. Sein Reich ist nicht ganz von dieser Welt, in ihm gilt das Bürgerrecht: Alle werden satt – bis in den tiefen Grund ihres hungernden Herzens.

Waffeleis

Bewaffnet am Badestrand

Es war kein besonders poetischer Film, in den ich geraten war: Hauptperson war Heerführerin Johanna von Orleans, die in heftige Schlachten verstrickt ist. Und Filmtricks hin oder her, angenehm anzuschauen war das spritzende Blut nicht. Dazu Schreie, Waffengeklirr, lautes und dann schon bald verebbendes Röcheln, das Funkeln der Rüstungen, furchtbar kriegerische Szenen. Auch die Bibel erinnert zuweilen an den Charakter solcher Filme. Im Epheserbrief etwa stehen Worte, die nicht gerade friedlich wirken. Da ist von Waffenrüstungen die Rede, von Helm, Schild und Lanze. Und doch klingt das auch wieder anders. Untergründig nämlich liegt in diesen Sätzen eine poetische Kraft, die stärker ist als alle Heere der Welt. Viele wundern sich und widersprechen, wenn man über die Poesie der Bibel ins Schwärmen gerät: Die bilderreiche Sprache der Bibel klinge vielleicht schön, sagen sie, aber Poesie in der Bibel oder anderswo könne letztlich nichts bewirken. Ich glaube an das Gegenteil. Wer biblische Sätze laut liest oder sich in sie hineindenkt wie in eine Rüstung, der wird stark durch Tag und Nacht spazieren. Gut gekleidet und aufgerichtet fühle ich mich in solchen Worten, ganz anders als nach dem Besuch des Films mit seinem Schlachtengetümmel, das mich ziemlich erschöpft hat.

Was aber lehrt denn nun die starke Poesie aus dem Epheserbrief konkret? Antwort: Ein Christ darf Kriege führen. Er soll sich seiner Stärke nicht schämen, sie sogar immer wieder suchen. Ihm wird geraten, Helm, Rüstung und ein Schild zu tragen, sich machtvoll zu gürten und das Schwert zu schwingen. Ich muss an Ritterburgen und Museen mit großer Mittelalter-Abteilung denken, an schweres Eisen, mit denen Ritter ganz gewiss nicht immer wendig agierten. Das jedoch ist nicht gemeint. Die empfohlene biblische Rüstung ist wirkungsvoller, muss wirkungsvoller sein. Man soll sie anlegen, weil es Gegner gibt, die noch heimtückischer sein können als Menschen aus Fleisch und Blut. Es handelt sich um Ängste, das Gefühl von Lähmung, Ohnmacht, also jenes Seelenchaos, das die Kräfte rauben kann. Im Epheserbrief werden sie Mächte der Finsternis genannt, böse Geister. Diese Gegner sind deshalb so listig, weil sie nicht greifbar sind; im Dunkeln stecken sie. Wären sie erkennbar, wäre es weniger schlimm. So aber weiß man nicht, wer genau die Gegner sind, wann sie kommen, wie sie sich verhalten. Niemand hat sie je gesehen, obwohl sie sich oft in Angriffslaune befinden.

Vielleicht fühlen sich deshalb viele Menschen

verfolgt? In dem Haus etwa, in dem ich mein Büro habe, soll stets die Haustür abgeschlossen werden. Im Treppenhaus hängt ein Zeitungsausschnitt mit der Botschaft: Die Zahl der Einbrüche steigt – es gibt sie nicht nur in der Nacht, sondern noch häufiger am Tag. Dementsprechend fristen viele ihr Leben hinter mehrfach verschlossenen Türen. Doch mögen Tür und Riegel auch noch so mächtig sein, die Angst wird dadurch nicht immer kleiner.

Die in der Bibel empfohlene Waffenrüstung halte ich für hilfreich, weil sie Teufel, Verfolger, Angreifer, Ängste und Missmut überlisten kann. Sie ist stark, weil sie entwaffnet – durch Friedfertigkeit, Glaube, Hoffnung und das Wort vom fröhlich machenden Gott. Die Rüstung ist nichts Materielles, deshalb aber noch lange nicht virtuell. Denn wer sich freut und seine Freude zeigt, ist unschlagbar selbst dann, wenn man ihm alles raubt. Das Evangelium ist unverlierbar: eine Freude, die im Innern sprudelt, weil Gott einen Quellgrund in mir legt.

Eine Ahnung vom frischen Wasser bekomme ich am Strand des Badesees. Vordergründig schutzlos ist man dort, aber gerade das ist die Rüstung, dank der man eine unbezwingbare Kraft spüren kann. Da ist niemand, der Anzug, Kostüm, Lederstiefel oder Krawatte trägt. Elegant wirken die Leiber vielleicht nicht, aber auf angenehm befreiende Weise normal. Die Badegäste freuen sich über die Ruhe, die von der weiten Wasserfläche ausgeht –

und keine Finsternis kann in diesem Augenblick die Freude besiegen. Die brennenden Pfeile verlöschen im See. In Badehose, bewaffnet allenfalls mit einer Eiswaffel in der Hand, genieße ich am Badestrand die Kraft Gottes. Sie stärkt den, der die Rüstung der Angst ablegt, um den federleichten Schutzanzug des Evangeliums anzuziehen.

Bademeister

Leidet Gott am Helfersyndrom?

„Geht ein Bademeister eigentlich auch gern baden?“ Die Mädchen im Freibad hatten das Becken verlassen und legten sich auf ihre Badetücher. Der Bademeister stand nicht weit von ihnen, in weißer Kleidung in Beckennähe. Gespannt wartete ich auf die Antwort, denn die Frage berührte mich. Vielleicht weil aus ihr die pure Lebenslust sprach? Und wen sie überfällt, der will sie wie die Mädchen am liebsten mit der ganzen Welt teilen. Aber auch so etwas wie Respekt und Dankbarkeit entdeckte ich in ihren Worten: Der Bademeister ist schließlich eine Autorität, der der Unbeschwertheit dient und die Badenden vor Gefahren schützt. Womöglich fragten sich die Mädchen auch: Ist unser Glück am Ende nur möglich, weil ein anderer auf seine eigene Freude verzichtet? Das allerdings hätte ihre überschäumende Fröhlichkeit an diesem Sommernachmittag getrübt.

Der Bademeister befand sich in einem Dilemma. Redete er seine eigene Badefreude klein, würde er die Lebenslust der Mädchen indirekt in Frage stellen: Denn wieso hieße ein Bademeister so, wenn er selbst keine Badefreude kennen würde?

Bejahte er die Frage jedoch, hieß das, er würde mit Missmut am Beckenrand stehen, weil er lieber selbst ins Wasser spränge. Das alles führte mich noch weiter ins Überlegen – über das Freibad hinaus. Schließlich gibt es viele wunderbare Berufe und Tätigkeiten, die andere zur Lebenslust befreien. Einen faden Beigeschmack erhalten sie, wenn man erführe: Der Bäcker selbst isst keine Brötchen. Die Konditorin kann Pralinen nicht mehr riechen. Und hört die Erzählerin eigentlich auch gern Geschichten? Genießt der Krankenpfleger auch selber Hilfe – oder ist er immer nur robust, gesund und stark? Und wie steht es mit dem Helfer aller Helfer, mit Gott selbst!? Leidet auch er am Ende am sogenannten Helfersyndrom? Ist auch Gott immer nur für andere da? Ich glaube das nicht. Wie ein Bademeister, der gern badet, freut auch er sich an dem Leben, das er anderen ermöglicht. So war es jedenfalls einmal, als er Abraham und Sara besuchte, erzählt die Bibel. Er verspricht den beiden das lang ersehnte Kind. Aber Gott will nicht nur geben, sondern auch genießen: Vielleicht deshalb teilte er sich in drei Männer auf? Damit bekommt er nämlich gleich dreimal die Füße gewaschen, wird dreifach bewirtet mit Butter, Milch, Kalbsbraten und Saras frisch gebackenem Kuchen. Göttlich übrigens war auch die Reaktion des Bademeisters auf die Frage, ob er selbst gern badet. Er schüttelte den Kopf und sagte: „Och nee." Er stünde gern am Beckenrand. Sein langes Zögern zuvor jedoch verriet: Gelegentlich springt der Bademeister auch selbst ins Wasser.

Wasser

Vom himmlischen Auftrieb

Das Wasser ist einer der ungewöhnlichsten Helfer. Es kann gefährlich werden, doch in ihm liegt zugleich eine geheimnisvolle Kraft, die immer wieder neu ins Fließen kommen kann. Laut Bibel liegt sein Ursprung im mythischen Niemandsland, es ist das Gottesland. Denn noch ehe die Erde war, schwebte der Geist Gottes über den Wassern, heißt es am Anfang der Heiligen Schrift. Wenn ich aufs Wasser schaue, scheint es mir manchmal so, als ob ich meine tiefe Sehnsucht begreifen könnte. Das Sehnen und Wünschen jedoch lässt sich nicht wirklich greifen und begreiflich machen, wie sich auch das Wasser selbst mit Händen nicht packen lässt. Man muss wohl schon ins Wasser hinein, um eine himmlische Ahnung davon bekommen zu können. Ohne Wasser gäbe es auch keine Taufe, dieses alte Sakrament. Sie gilt als feierlicher Akt, der einst geschah und jetzt noch gilt. Ihr Sinn allerdings reicht über Vergangenheit und Gegenwart hinaus. In ihr liegt nämlich auch das Versprechen eines himmlischen Auftriebs, den man immer ein wenig vermisst. Es ist die kaum jemals ganz zu stillende Hoffnung: Alles wird neu! Und auch ich selbst. Denn eines Tages wird die Müdigkeit abgewaschen. Und ich ziehe die Vergeblichkeit aus wie ein verschwitztes Hemd am Ende eines langen Tages.

Das Wissen um das geheimnisvolle Strömen liegt tief, irgendwo dort, wo die Seele ihre Träume gebiert. Da ist ein Kern, der auf Vollendung hofft: Dann werden die Enttäuschungen fortgeschwemmt für immer. An diesem geheimnisvollen Ort befindet sich auch das Haus der Tränen. Wenn sich die Türen öffnen und die Tränen fließen können, ist das eine Quelle, die den Schmerz nicht leugnet. All die Tränen – sie werden zur Rückseite einer Kraft, die das Ewige nicht aufgegeben hat.

Viele sagen, den Wert des Wassers könne man in europäischen Breitengraden nicht wirklich ermessen. Schließlich gebe es dort keine Wüsten. Man dreht den Hahn auf – schon ist es da, das Wasser, ein Allerweltsgeschehen. Doch Trockenheiten gibt es auch bei uns. Da ist die Rede von Ausgebrannten. Da herrscht ein großes Umsonst! Sie haben sich und ihr Können freigegeben. Wunderbar rauschte ihre Leidenschaft, doch dann wurde sie blockiert, fand keinen Weg mehr für ihr Suchen und Drängen, wurde kanalisiert. Nun ist die Quelle verstopft, droht zu versiegen. Wer Trockenheiten nicht verdrängt, kann spüren: Das Wasser und mit ihm auch die Taufe ist ein altes, aber nicht veraltetes Symbol. Es ist wie Traum und Wirklichkeit zugleich und erzählt von einer prickelnd-zischenden Lebendigkeit. Die Durstigen dürfen sich freuen auf das, was erst noch kommt: die himmlische Erfrischung für immer.

Trotzdem nähert man sich dem Wasser nicht nur begeistert. Wenn ich mich aufs Schwimmen

freue, ist da auch die Vorsicht. Ich packe die Badehose ein und dann nichts wie raus an den Badesee! Aber dann: Ist es nicht doch etwas kühl? Soll ich wirklich hinein? Vielleicht Schritt für Schritt – oder springe ich und tauche unter? Am Wasser ahnt man die Gefahr, da leben das Spiel und auch die Scheu. Jungs und Mädchen, fast noch Kinder, stehen an Beckenrand, rennen, wollen nicht hinein, sie winden sich, dann purzeln sie, man erkennt kaum noch etwas Festes, es sprudelt, quirlt: Wer ist jetzt drin, wer wird es sein, kommt wieder raus, wer tunkt wen und rettet sich und mich und wer die andern?

Später verwandelt sich das Spiel in einen schönen Ernst, etwa am See, der zur Freiluftbühne wird: eine Frau, ein Mann, ist es ein Paar? Verliebt, aber nicht liiert, wer weiß es schon genau, wissen sie es selbst? Lange stehen sie am Strand, die Beine bis zum Knie im Wasser. So staksen sie umher, nähern und entfernen sich, es ist ein eleganter Tanz. Die Gespräche ufern aus – über die Temperatur dessen, was sie sich nicht recht zu erkunden trauen. Was verbindet sie? Der Respekt vor einem unbekannten Terrain. „Ich will nicht weiter!“ Oder vielleicht doch? Allein? Die beiden stürmen nicht. Denn wer weiß schon, ob das Wasser trägt, wenn sie eintauchen und dann schwimmen in eine Zukunft hinein, wo die Füße keinen Boden haben. Denn Wasser sind tief – selbst ein still in sich ruhender Badesee.

Und doch! Selten kehrt man um. Denn das Unbekannte lockt und das Unerprobte will verzaubern. Was wäre denn die Alternative? Ein ganzes Leben am Strand kann doch nicht befriedigen. So locken ewig die Gewässer, erst recht das Meer. Es schillert und kann tosen, ist Anfang und Ende, das wiederum der Anfang ist, der Anfang von etwas ganz Anderem. Selbst die, die nicht gut oder gar nicht schwimmen können, bleiben nicht zurück. Denn auch sie stehen morgens oft wie vor einem Meer. Es ist der neue Tag. Die vor ihnen liegenden Stunden lassen sich planen, und doch bleibt der Tag ein nie ganz zu erforschendes Gewässer. Und den erlittenen Enttäuschungen zum Trotz – die Lust zum Aufbruch ist stärker. So stößt man sich ab in die Fluten der kommenden Stunden.

So ähnlich ist das auch bei der Taufe, dem Symbol des Aufbruchs. Das Leben beginnt! Der Täufling trägt ein schönes Kleid. Das Kind steht unter Gottes Segen, wird nicht allein durchs Leben gehen. Da sind Paten und es gibt Geschenke, die ein ganzes Leben halten sollen. Das Wasser ist auf eine dem Baby genehme Temperatur erwärmt, es soll nicht erschrecken! Die Sorge verrät, dass im Hintergrund ein noch anderes Wissen rumort: Das Leben wird nicht immer einer glatten Wasserfläche gleichen. Aufgewühlt und unbezwingbar kann es sein, was man schon erlebt, wenn man einen kleinen Staudamm baut. Woher eigentlich kommt die Begeisterung dafür? Ich jedenfalls wollte als Kind bei Wanderungen oft genug nicht weitergehen, sondern bleiben – am Bach. Dort forderte ich das Wasser zum Duell. Erst wuchtete ich große Steine ins Bachbett, dann gesellten sich kleine dazu, aber noch waren Löcher in der neuen Mauer, die ich mit Farn und Erde verarztete. Dann konnte es geschehen, es war ein zauberhafter Augenblick – der Bach hielt still. Bisweilen entstand ein kleiner See. Aber Sekunden später war da ein Loch, das Wasser strömte wieder, es floss weiter und wir mit ihm, denn das Fließen ist nicht aufzuhalten. Nichts bleibt stehen, sondern alles geht schon wieder weiter und eines Tages vorbei. Das Gehen, Fließen und Verfließen lässt sich nicht aufhalten, es sei denn, das Wasser würde frieren – und wir mit ihm. Aber wer will denn schon ein Eisklotz sein? Mitten wir im Leben sind, wären wir von Eis umgeben, haltbar für immer, aber gerade dadurch jetzt schon tot, aus dem Fluss des Lebens ausgestiegen.

Wasser, das wunderbar erfrischen kann, erzählt also auch von Vergänglichkeit und Tod, ist Gefahr, nie ohne Gefahr. „Es umfingen mich des Todes

Bande", heißt es in der Bibel in einem Lied, das einem Schreien gleicht: „Und die Fluten des Verderbens erschreckten mich. Des Totenreiches Bande umfingen mich und des Todes Stricke überwältigten mich." Da sind lange Regenfälle, der Boden wird zu Matsch, der Fuß findet keinen Halt. Alles gerät ins Schwimmen, auch in meinem Innern. Was
als verlässlich gilt, weicht auf. Deswegen klingt das, was der Apostel Paulus einmal von der Taufe sagt, nicht gerade nach Festtagsglück. „Wisst ihr denn nicht, dass alle, die wir auf Christus Jesus getauft sind, die sind in seinen Tod getauft? So sind wir ja mit ihm begraben durch die Taufe in den Tod."

Paulus – ein Prominenter mit Untergangserfahrung. Oft spricht er von der Taufe, vielleicht weil er mit allen Wassern gewaschen war, oft versank und untertauchte. Dreimal hat er Schiffbruch erlitten. Da hält ein Mensch unserer Tage natürlich kaum mit, wenigstens einer wie ich, der im Binnenland aufgewachsen ist. Und doch! Auch ich bin schon vom Boot ins Wasser gefallen. Es geschah ausgerechnet auf dem gemütlichen Aasee, der in der Stadt Münster gelegen ist. Westfälisches Meer!? So hat es meines Wissens noch nie jemand genannt. Berüchtigt ist das Gewässer allenfalls, weil sich dort einmal ein leibhaftiger Schwan in ein Tretboot verliebte. Die Klatschspalten großer deutscher Zeitungen berichteten über die Entwicklung dieser Liaison Jahr um Jahr, die Treue des Schwans zum

Boot währte Jahre – bis zu seinem Tod. Das Boot gibt es noch immer und befindet sich nun im Status eines Witwers. Münsterländische Beschaulichkeit hin oder her: An diesem See gibt es verflixte Böen! Sie entstehen dank der zwei in meiner Erinnerung einzigen Hochhäuser der Stadt, die direkt am See postiert sind.

Ein Freund und ich hatten ein Boot geliehen und schlitterten über das aufgewühlte Wasser. Der Wind jagt ins Segel, die Jolle krängt, sie stellt sich also schräg. Sofort hat man sich hinauszulehnen, um die Krängung auszugleichen. So hält man die Balance – normalerweise! Aber wieder nahm der Wind Anlauf, zwängte sich zwischen die beiden Hochhäuser wie durch einen Kanal, flutschte dann heraus und entschied sich ausgerechnet für unser Segel. Die Jolle stellt sich auf. Und mein Bootsgenosse? Er segelte zum ersten Mal, hat einen Blick fürs Dramatische, ist ein Liebhaber von Tragödie und Komödie, er schaut direkt in den Strudel.

Schließlich ist dort unten nicht mehr nur sein Blick, sondern auch er selbst. Das Boot verliert das Gleichgewicht. Und dann? „Wasser umgaben mich und gingen mir ans Leben, die Tiefe umringte mich, Schilf bedeckte mein Haupt. Ich sank hinunter zu der Berge Gründen, der Erde Riegel schlossen sich hinter mir ewiglich.“ Ganz so wie einst beim Propheten Jona war es bei uns nicht. Das Segel befand sich unter der Wasseroberfläche, wir aber hatten

Schwimmwesten an. Trotzdem war das natürlich ein nicht gerade angenehmes Gefühl, mitsamt der Kleidung um ein Boot herumzutreiben. Aus den Augenwinkeln sah ich, dass unsere Gleichgewichtsstörung anderen aufgefallen war. Spaziergänger traten ans Ufer, winkten, riefen etwas, der Wind übertönte die Stimmen. Wahrscheinlich war es so etwas wie: „Lebt ihr noch? Braucht ihr Hilfe?" Wir fühlten uns ein wenig wie im Zoo, der übrigens ebenfalls direkt am Aasee gelegen ist.

In der Theorie hatte ich unzählige Mal gelernt: So richtest du die Jolle auf! Aber die Praxis war nicht brav, sie hielt sich nicht ans Segelbuch. Das Wasser, das ins Segel drückte, war tonnenschwer. Und dann auch noch diese westfälischen Unterwasserströmungen! Wir konnten uns nicht helfen. Schließlich nahm uns das Wassertaxi mit. Aber da waren auch noch die beiden Bücher! Ich hatte sie mitgenommen, um sie dem Freund nach unserem Törn auszuleihen. Sie gingen unter, tauchten wieder auf. Vollgesogen mit Wasser, nicht viel anders als wir selbst. Er nahm die Bücher mit, deren Titel irgendwie zum Charakter unserer Unternehmung passten: *Irre*, hieß das eine, das andere *Froschkonzert*. Er las sie, gab sie mir zurück. Noch heute stehen sie bei mir im Regal, ihre Rücken angegriffen, das Papier eigenwillig gewellt: Spuren eines Untergangs.

Auch in das Ritual der Taufe sind Erfahrungen

vom Untergehen eingeschrieben. Das wird in einigen Ländern und Kirchen sehr deutlich: Die Täuflinge werden nicht nur mit Wasser betupft, sondern vollständig untergetaucht. Das Abtauchen freilich soll nicht das Ende bleiben, es kann zu einer Verwandlung werden. Wohl deshalb bringt die Bibel die Taufe gelegentlich mit dem Abenteuer des Jona in Zusammenhang. Dieser Prophet war Schiffspassagier, wird ins Meer geworfen, die Wasser gehen ihm ans Leben! Und dann: Ein Fisch verschluckt Jona, der im Bauch des Fisches weiterlebt. Was für ein fantastisches Symbol! Anders als das Symbol der Arche. Sie schwamm zu Sintflutzeiten auf den Wassern, alle Menschen außer Noah und seiner Frau ersoffen. Auch Jona ist ertrunken, tot – so glauben die meisten. Aber doch ist er seltsam lebendig. Er ist nämlich abgetaucht, untergetaucht. Womöglich fühlt er sich geborgen in dem Bauch des Fischs, in dem es dunkel, aber auch befreiend leise ist? Manche Leute sagen, die Zeit nach einem Zusammenbruch sei furchtbar gewesen, aber auch eine Zeit des Wachsens und Reifens. Sie fragten sich: Was ist mir im Leben denn wirklich wichtig?

Untergegangen, abgetaucht, im Fisch – manchmal kann man davon auch etwas im Bauch einer Kirche ahnen. Sie ist für viele wie ein Versteck, in dem man sich geborgen fühlt. In ihr lebt eine Stille, die sich gegen das tosende Meer des Alltags behauptet. Man atmet auf, obwohl andere vielleicht sagen: Zieh dich nicht zurück! Und doch geht eine für Wochen ins Kloster, ein anderer sitzt abgeschieden im Kino, ganz für sich. Wieder jemand anderes trennt die Internetverbindung. Das Handy ist abgestellt, ausgegangen, vielleicht ja auch kaputt? Doch die Totgesagten, Unerreichbaren und Abgeschriebenen wollen sich einfach wieder spüren, sich endlich einmal ganz und gar lebendig fühlen.

Und das Versprechen des Glaubens klingt wie eine Antwort auf ihr Sehnen. Es lautet: Wer untergeht, ist nicht am Ende. Es wird ein Anfang kommen. Wann wird das sein? Wer weiß das schon. Die Tage im Bauch des Fisches, manchmal sind es Jahre, können sein wie ein Kokon. Auch Musik kann umhüllen, Klänge und Melodien legen sich um Nervöse, Zitternde, Verschreckte, Abgetauchte. Sie schützen wie der Bauch des Fischs. Auch Verse, Gedichte, Sätze werden zu Begleitern, kleiden ein. Da ist ein Sprichwort oder der Vers zur Konfirmation, natürlich auch der Taufspruch, alles das: Gesten der Zärtlichkeit.

Der Abgetauchte erlebt Einsamkeit. Ich glaube jedoch: Es sind gerade die Untergegangenen, die am besten um die Kraft der Taufe wissen. Denn sie haben wie wohl niemand sonst ein Empfinden für die Kraft des himmlischen Auftriebs. Manchmal erleben sie die Zeit unter Wasser wie eine Hölle im Hier und Jetzt, dann wieder ist es wie ein Zwischenreich, in dem so vieles möglich wird. Da ist der Zauber einer anderen Welt, den man bei Unterwasserbildern ahnen kann. Einmal, da schaute ich solch fantastische Bilder, ohne dass ich danach hätte suchen müssen. Es war im Freibad und zu einer Zeit, als mir der Ball, mit dem ich spielte, fast bis zum Nabel reichte. Er lief die Liegewiese hi-

nab, ich hinterher, immer weiter nach unten in eine Gegend, in der ich noch niemals gewesen war. Der Ball blieb vor einer Mauer liegen, darin ein Fenster, eine Art Bullauge, nicht unähnlich dem Blick aus dem Bauch des Fischs heraus, falls Gott dem Jona damals einen Blick nach draußen gewährte. Ich sah ins Becken hinein, von unten schräg nach oben: strudelnde Wasserfiguren, Luftbläschen der Schwimmer und Springer. Und alles das kam ohne Platschen, Lärm und Rauschen aus, ein Reich, das euphorisch leise war, blau und wasserweiß, und ich schaute himmelwärts und sah den Wasserspiegel sonnig hell verträumt.

So können es Jona und all die anderen Untergegangenen erleben, ich hoffe jedenfalls, dass das Leben sich im Untergrund verwandeln kann. Eines Tages taucht man wieder auf, es wird fantastisch sein. Und das Schönste wird der Moment sein, kurz bevor es soweit ist. Es ist wie beim Sprung vom Dreimeterbrett: Rasch dringt man ein, sinkt immer tiefer, dann spürt man, wie das Wasser bremst, man wird langsamer. Kurz steht man still – erfährt sich als schwerelos und von nun an be-

ginnt man wieder aufzutauchen, gewinnt an Fahrt, aufwärts, immer weiter geht es nach oben und dann: kurz bevor! Ich denke, *jetzt* müsste es doch kommen, aber es kommt noch immer nicht. War ich denn wirklich so weit unten? Dann flutsche ich heraus. Ich muss nichts denken, überhaupt nichts tun und noch nicht mal Atem holen, denn
es atmet wie von selbst. Und dann? Ich beginne zu schwimmen. Denn von nun an ist für immer klar: Das Wasser wird mich nicht mehr verschlucken, es kann so herrlich weich und zärtlich sein, ist wie eine Freundin, ein Gefährte, dessen Gesellschaft mich für immer tragen kann. Die ersten Schwimmzüge im Leben sind unbegreiflich schön, als ob sich ein Knoten lösen würde. Es ist der Moment, wenn man nicht mehr hektisch strampelt, sondern bemerkt: Es ist das Wasser selbst, das mich über Wasser hält.

Das Auftauchen – es fühlt sich an wie eine Neugeburt, ist der Anbruch der Lebendigkeit. Paulus, der mehrfach Schiffbruch erlitten hat, erzählt von Gefahr und Untergang: „Wisst ihr denn nicht, dass wir in den Tod getauft sind mit Christus?“, sagt er. Aber das ist eben noch nicht alles, denn das Untertauchen geschieht, „dass wir auch mit ihm leben.“ So wird das Wasser nicht gefangen halten. Was gefährlich war, wird zum Verbündeten. Und der Mensch kann jetzt ein Genießer werden. Was in mir verhärtet ist, gerät ins Fließen, weil das Wasser, das tötet, auch lebendig macht. Das lässt sich logisch nicht erklären. Vom Ende des Schreckens aber kann man erzählen, musizieren, tanzen – oder tut das auch gleichzeitig, wie es in der Bibel geschieht, wo ein herrlich hüpfender Ruf in Richtung Himmel geschickt wird: „Du hast mir meine Klage

verwandelt in einen Reigen, du hast mir den Sack der Trauer ausgezogen und mich gegürtet mit einem neuen Kleid, mit Freude!"

Das alles gilt nicht nur für Schwimmer, sondern auch für die, die gar nicht schwimmen können. Auch sie können die tragende Kraft des Wassers erleben, jene geheimnisvolle Macht der Taufe, die im Anfang war und jetzt noch gilt und am Ende den erfassen wird, der nichts besitzt und weiß, sondern einfach nur die Sehnsucht hat, getragen zu werden. Ich selbst habe als Kind davon etwas erahnen dürfen, als ich mich noch keinen einzigen Augenblick über Wasser halten konnte. Es geschah in einem Becken, in dem überhaupt noch nie jemand geschwommen ist. Kein Haus war in der Nähe. Der Wanderer erreicht den Ort, indem er einen bemoosten Weg abwärtsgeht, immer tiefer in ein eingekerbtes Tal, steil ragen die Fichten auf. Endlich findet man sich auf einer Lichtung wieder. Man ist geschützt und doch hat der Himmel genügend Spielraum, um von oben zuzuschauen. Da ist ein Rauschen, die Urkraft des Wassers ist zu hören, das nicht lärmt, es gurgelt klangvoll schön. Noch

aber sind wir nicht am Ziel, sondern nehmen einen fast zugewucherten Abzweig. Der Pfad führt hinab zum Bach. Und dort liegt eine Wassertretanlage, märchenhaft, wie hingezaubert. Touristisch betrachtet bringt sie keinen Nutzen – denn welcher Spaziergänger oder Kneippanhänger macht sich schon auf den langen Weg dorthin? Das Wasser
aber ist auf erschreckend kalte Weise erfrischend und klar wie sonst nirgendwo auf der Welt. Was nicht beweisbar ist, aber ein kindliches Bekenntnis, kraftvoll wie ein Traum vom himmlischen Auftrieb im grünen Sommeruntergrund. Nichts ist dort zu erringen, es gibt keine Wassergymnastik, keinen Stempel ins Wanderbuch, kein Gasthaus lockt.

Wir blieben Stunden, schauderten, gewöhnten uns und dennoch blieb die Kälte furchtbar schön. Das Gehen über die vom Wasser glatt gewaschenen Kieselsteinplatten – eine Massage für müde Kinderfüße. So zog ich Runde um Runde in dem hellblauen Becken, immer um die leuchtend rote Stange herum. Und ist es so denn nicht geblieben? Noch heute gerate ich immer wieder ins Wasser, drehe Runde um Runde. Oft bin ich schon versunken und halte mich doch an der Stange fest, ein Getaufter, ein Kind des Glaubens, das unsinkbar ist.

Schildkröte

Ende der Schlagfertigkeit

Wer fest verwurzelt im Leben stehen will, heißt es manchmal, sollte über eine moderne Tugend verfügen: Schlagfertigkeit. Vielleicht deshalb vergleichen sich Politiker oder andere stämmige Menschen gelegentlich mit einem Baum. Seine Wurzeln sorgen für einen guten Stand. Zögerliche Töne jedenfalls machen sich selten gut. Schlagfertig soll nicht nur ein Politiker sein, sondern am besten jeder, der am Arbeits-, Wirtschafts- und dem allgemeinen Menschenleben teilnehmen will. Das Problem ist nur: Oft fühlt es sich so an, als ob immer die anderen geistreich sind. Das treffende Wort findet sich nicht. Und wenn es endlich auf der Zunge liegt, ist es bereits zu spät. „Das muss nicht so bleiben!", versprechen Schlagfertigkeitsseminare. Trainer, etwa in der Volkshochschule, aber auch in der Ausbildung für Journalisten, feilen an der Reaktionsschnelligkeit. Natürlich könne sich niemand innerhalb weniger Tage von einer lahmen Schildkröte in ein flinkes Wiesel verwandeln, aber die Grundlagen werden gelegt. Wichtig: auf einen Angriff *sofort* reagieren, also nicht „die Gedanken beim Reden erst allmählich verfertigen", wie Kleist es einmal beschrieben hat – übrigens in einer wunderbar präzisen und zugleich seltsam zögerlichen Sprache. Doch Kleists mäandernde Präzision wird in den Seminaren zum Zweck des Sich-Behauptens nicht gelehrt.

Denn achtzig oder noch viel mehr Prozent der Wirkung eines Wortbeitrags gründen im entschiedenen Auftreten, sagen Studien. Kenntnisse in Tai-Chi helfen: Die Stimme kommt dann aus der Tiefe, der Stand ist fest und tief verwurzelt, die Schulterpartie aber bleibt beweglich, kann sich um die Wirbelsäule drehen: So weicht man Schlägen aus, ohne zu fliehen. Und dann: ausholen zum Gegenschlag. Vor allem aber soll man niemals den Humor verlieren. Noch souveräner ist es, auch von sich aus die eine oder andere provokante Bemerkung zu landen. Als problematisch gelten dagegen Leute, die sagen: „Da muss ich erst mal überlegen.“

Selbst Kirchenvertreter sollen auf möglichst alles eine schnelle Antwort haben. Gegebenenfalls können sie natürlich auch theologisch reif, reflektiert und sofort begründen, warum man nicht auf alles eine rasche Antwort haben kann. Wird ein neuer Bischof gewählt, gilt als ein wichtiges Kriterium: „Kann gut mit den Medien umgehen.“

Ganz anders war das einmal bei Jesus, wird im Johannesevangelium erzählt. Da kamen Leute, um ihm eine Frau zu bringen, eben beim Verbrechen erwischt! „Jesus, nach dem Gesetz muss sie doch jetzt gesteinigt werden?“ Die Fragesteller wirkten schlagfertig, das heißt in diesem konkreten Fall bereits ziemlich wurffertig. Und Jesus? Der war offenbar sprachlos, sagte nichts, bückte sich, malte irgendetwas in den Sand. Dann hob er den Kopf: „Wer unter euch ohne Sünde ist, werfe den ersten Stein.“ Da waren die Wurffertigen ohne Worte – und hatten ihren festen Standpunkt verloren. Sie verschwanden, die Steine blieben liegen und eine zauberhafte Stille wird in der Luft gelegen haben. Das war das Ende der Schlagfertigkeit, von dem gewiss im Geheimen auch die manchmal träumen, die immer reaktionsschnell wirken.

Einmachgläser

Ideen der Nacht

Auf der Wiese standen Biertischgarnituren, wie sie bei Feierlichkeiten fast überall im Land verwendet werden. Die Sonne guckte mild. Schweißausbrüche also hatten Urlaub. Man saß so friedlich zusammen, dass alte Geschichten zum Zuge kommen konnten. Mit einem Mal war ich im Gespräch mit einer älteren Frau. Und bald erzählten wir nicht mehr nur, sondern überlegten auch, welchen Wert das Erzählen überhaupt haben könnte. Romanleser und Buchliebhaber seien bestimmt nicht weniger verbreitet als Biertischgarnituren, waren wir uns einig. Nur tauchen sie selten in Gruppen auf. Bücherleser gründen keine Lesepartei. Sie formieren sich kaum zu Aktionen, um mit Parolen die Welt retten zu wollen. Natürlich gibt es Kreise, in denen man über Bücher spricht. Die Lektüre indes bleibt ein meist stilles Vergnügen. Ihr habe das Lesen immer viel bedeutet, sagte meine Gesprächspartnerin. Nicht alle hätten das verstanden. „Geschichten sind doch ausgedacht!", habe sie gehört. Und: „In der Welt geht es um Tatsachen."

Beim Stichwort Tatsachen dachte ich an das Statement, auf das ich oft stoße: „Wir müssen Tatsachen schaffen!" Vielen genügt offenbar nicht, Sachen zu tun. Das sachbezogene Tun soll dazu auch noch ein Schaffen sein. Taten, Taten, Taten, schaffen, schaffen, schaffen – und all das soll immer sachlich, sachlich, sachlich sein. Mir wurde am Biertisch schon ganz wirr im Kopf, obwohl ich

doch nur Sprudel trank. Meine Gedanken klarten sich wieder auf, als die Dame sagte: „Ich lese immer noch." Oft nachts, weil sie da wenig schlafe. Auch diese Bemerkung stammte aus einer Welt, über die die Tageschau noch nie berichtet hat. Deswegen heißt sie ja auch Tagesschau. Was im Schutz der Nacht beginnt, hat in ihr keinen Platz. Für Tatmenschen ist die Nacht vermutlich nur dazu da, um ihre Ressourcen aufzufrischen, wie sie sagen. Und falls sie einmal nicht schlafen sollten, gehen sie eben noch einmal die Zahlen durch oder fangen an zu putzen.

Andere jedoch geraten ins Träumen oder Lesen. Der nie abreißende Geschichtenfaden fängt zu wispern an und die Poesie lässt in wunderbare Welten segeln. Das ist natürlich nur selten fasslich oder handhabbar – manchmal aber doch! Bei dem Fest nämlich gab es Kakteen in Töpfen zu kaufen. Jedes der gläsernen Gefäße gab Einblick in einen grünen Kosmos. Ich musste an verwunschene Bilder vom Meeresgrund denken. Die Gläser sahen anders aus als die Tatsachen, die immerzu geschaffen werden sollen. Die Geschichtenliebhaberin hatte die Kakteen in Einmachgläser gepflanzt. Viele Gäste trugen ihre poetischen Taten nach Hause: „Das ist mir nachts eingefallen!“, sagte sie. „Denn nachts habe ich die besten Ideen.“

Sprudelkasten

Aufruf zur Unhöflichkeit

 Wenn Geschenke in Form von Fleischwurstscheiben, Bonbons, Schokolade in Kinderhände wandern, ist oft zu hören: „Und was sagt man da?" Die Stimme des Fragenden zieht sich scharf und manchmal auch so langanhaltend nach oben, bis sich selbst ein vor Freude sprachloses Kind irgendwann ein gehauchtes Danke abringt. Ich will die Erziehung zur Höflichkeit allerdings nicht verdammen. Ich freue mich selbst über so gut wie jeden Dank. Außerdem bin ich ein geübter und eifriger Sammler von Komplimenten. Umgekehrt teile ich auch aus, bin als Autor allein schon von Berufs wegen eng verbündet mit der Fantasie. Sie lässt mich immer neue Pfade erkunden, um treffende Komplimente zu geben. Das ist keine Taktik, es macht mir einfach Spaß, ich schwärme eben gern.

Komplimente und Dank gelten allerdings nicht nur als höflich oder schwärmerisch, sie sind gegenwärtig zu Bausteinen eines neuen Prinzips geworden. In Firmen oder Institutionen spricht man von Mitgliederpflege. Auch ehrenamtliche Arbeit soll nicht mehr einfach hingenommen werden. Man sagt dann auch nicht mehr „Danke!", „Toll!"

oder „Gut gemacht!", es klingt eher so: „Für Ihren Dienst und Ihr großes Engagement möchte ich an dieser Stelle einmal unsere Wertschätzung ausdrücken. Seien Sie gewiss, Ihre Arbeit wird von uns allen gesehen, sie wird in unserer Gemeinschaft wertgeschätzt." So redet in der Regel kein normaler Mensch, aber wenn es um ein höheres Prinzip geht, sprechen tatsächlich viele so, wie es im Leitfaden zur Pflege von Mitgliedern empfohlen wird.

Bei Jesus war das anders! Einmal erzählte er eine schrecklich unhöfliche Geschichte. Die geht so: Ein Knecht pflügt, weidet Vieh, kommt nach Hause. Und was erwartet ihn? Kein Dank. Stattdessen sagt der Herr: Auf! Bring mir was, ich will essen und trinken. Danach kannst auch du essen und trinken.

Noch immer kein Dank? Wieso denn Dank, entgegnet Jesus. Der Knecht handelt doch auf Befehl. So soll jeder von euch sagen: Wir sind unnütze Knechte, wir haben getan, was wir zu tun schuldig waren.

Die Geschichte kann einen unglaublich ärgern! Aber sie erleichtert mich auch. Ohne freundliche Resonanz und Reaktionen könnte kein Mensch auf Dauer leben, er würde verkümmern. Aber manchmal findet man sich in Situationen wieder, in denen man selbst trotz größten Danks nicht zufrieden ist. Etwas fehlt. Die Leute klatschen, alle wirken glücklich. Doch auch fantastischste Komplimente genügen nicht. Und selbst die Kinokarten als Belohnung für ehrenamtliche Dienste stellen nicht zufrieden. Wer diesen Punkt erwischt, der halte sich an die befreiende Geschichte Jesu. Sie lädt ein, zu sich selbst zu sprechen: Ich habe die Straße gekehrt, das Kind gehütet, vorgelesen, gekocht, den Sprudelkasten geholt, mit ganzem Herzen war ich bei der Sache, habe geschuftet, bin vielleicht über alle Grenzen gegangen, habe mich gebückt, bis ich einen krummen Rücken hatte, habe gepflegt, am Bett gesessen bis zum Ende, habe zugehört, bin nicht verschwunden, als alles vergeblich war, es nicht mehr ging, nein, ich bin zum Bäcker und habe ein frisches Brot geholt. Warum? Es war mir aufgetragen, es war nun einmal so. Und deswegen wollte ich es nicht anders. Und dieser Wille ist der schönste Dank. Niemand anderes kann ihn mir in Gottes Namen sagen als ich selbst.

Heidelbeerkuchen

Von der göttlichen Faulheit

Manchmal scheinen große Sinn- und Lebensthemen so einfach, dass man sie nicht erklären muss. Das Himmelreich lässt sich etwa exakt jetzt erahnen, wenn Sie diese Sätze lesen. Sie sind bereits eingetreten! Denn die Untätigen, glaube ich, haben die Tür zum Reich Gottes weit aufgestoßen. Und im Augenblick des Lesens ist man schließlich nicht tätig, sondern sitzt im Sessel, im Zug, liegt auf dem Sofa oder auf der Wiese. Die Augen gleiten einfach nur an diesen Zeilen entlang. Sonst nichts. Um zu lesen, muss man sich vielleicht einen Anstoß geben, oft nimmt man es sich vor, dann aber ist man wieder abgelenkt, meint zu müde zu sein. Aber wenn ich erst einmal ins Lesen hineingefunden habe, lockt und leitet mich das Erzählte. Nichts vermisse ich, ich bin manchmal wie verzaubert, träumerisch versinkt man ins Buch – und auch ins Reich Gottes. Denn faul, nicht etwa fleißig gelangt man in dieses sonderbare Land.

Davon hat Jesus einmal erzählt: Mit dem Reich Gottes ist es, sagt er, wie wenn ein Mensch Samen aufs Land wirft. Er schläft und steht auf, Tag und Nacht. Und der Same geht auf und wächst – und er weiß überhaupt nicht, wie. Denn von selbst bringt die Erde Frucht. Da ist zuerst der Halm, danach die Ähre, danach der volle Weizen in der Ähre. Aber was, wenn die Erde die Frucht gebracht hat? Dann schickt der Mensch, der gesät hat, sofort die Sichel hin, denn die Ernte ist da.

126 Die Erzählung selbst lässt mich bereits etwas von dem angenehm faulen Reich erfahren. Denn Jesus spricht in Bildern, nicht abstrakt – anders als viele Gelehrte. Die fachsimpeln oft: Ist das sogenannte Reich Gottes präsentisch oder vielleicht futurisch zu verstehen? War da eine Parusie-Verzögerung, kommt Gottes Macht *extra nos*, ist sie eschatologisch-apokalyptisch oder doch vielleicht eher ethisch-innerweltlich? Bei solchen Worten nickt man ehrfürchtig, es klingt klug, manchmal auch ein wenig kühl. Mein Kopf wird schwer. Und ich denke dann, wenn ich auf diese Art des Redens stoße: Wieso eigentlich soll ich Bürger eines so angestrengt wirkenden Reiches werden?

Jesus jedoch spricht nicht wie ein Professor, er war nie auf einer Universität, hat noch nicht einmal das Abitur. Eher verbrachte er seine Zeit, indem er gern und ausufernd spazieren ging. Jesus jedenfalls hebt den Vorhang zum Himmelreich, indem er in den Alltag weist. Erzählt wird von einem, der Körner auswirft. Dann schläft er ein, steht auf. Tag und Nacht tut er das, immer wieder. Womit er so gut wie gar nichts tut, denn Schlafen und Aufwachen bekommt bekanntlich so gut wie jeder hin. Das Wachsen der Saat, will Jesus mit dieser Passage vom Dösen sagen, kann kein Mensch hervorrufen. Es geht von selbst. Dem, der die Saat ausgestreut hat, bleibt nur eins zu tun: nämlich nichts zu tun. Schlafen, aufstehen, schlafen, wieder aufstehen. Dieses Warten ohne jede Plackerei gleicht womöglich jenem seltsamen Flirren zwischen Tag und Nacht, wenn sich Traum und Realität eigenartig ineinanderschieben. In der Nacht ist man hellwach, feiert bis zum Morgengrauen. Und am Tag gehen die Gedanken träumerisch spazieren. Man hängt herum – ich weiß nicht wo, an der Bushaltestelle vielleicht, starrt Löcher in die Luft, sitzt beim Döner-Grill oder im Café, das Frühstück anbietet bis zum frühen Abend. Ich bestelle mir ein Glas zum Trinken – und nicht nur eins. Man quatscht, hört im Hintergrund Musik.

Oder aber man schaukelt ins Reich Gottes hinein, indem man sich in eine Hängematte legt. Denn wer in Gottes Machtbereich will, muss Jesus zufolge zum Zeitvertrödler werden. Also lege ich mich ins Freibad auf die Liegewiese, blinzle zwischen Bäumen hindurch zum Himmel. Helle Kinderschreie vom Becken her umspielen mein Ohr, dazu summen kleine Insektenflieger. Ich höre, wie vor dem Kiosk eine Warteschlange rumort, gleich dürfen sie in ihre Pommes beißen – und in meinen Ohren verschwimmt all das zu einer wunderbaren

Collage aus Alltagsgeräuschen. Das Reich Gottes ist, wer weiß, eine Sinfonie aus Freibad-Sommerklängen. Und mir auf der Badematte wird ganz träge und gemütlich zumute.

Gewiss ist die Macht des Himmels nicht durch Trödelei allein zu finden. Der Mensch, dem das Reich Gottes gleicht, hat schließlich vor seinem tage- und nächtelangen Warten den Samen mit eigenen Händen ausgeworfen. Einen Anstoß ins faule Glück hinein muss man sich geben. Wer nicht in die Hängematte klettert, kann nicht in Gottes Nähe schaukeln. Und im Sommer muss ich das Badetuch hinten aus dem Schrank holen. Der Anfang nämlich ist wichtig, die Saat muss ich ausstreuen, damit ich etwas vom Reich Gottes mitbekomme. Denn nur wer einen Anfang macht, findet in das majestätisch träge Dösen hinein.

Freilich gibt es auch ein Warten, das ängstlich und unruhig macht, weil es ewig ist und sinnlos wird. Es führt in eine teuflische Langeweile. Manche werden davon krank. Doch der Mensch, der Körner ausstreut, erfährt keine tödliche Leere, sondern eine Faulheit, die aufregend ist. Denn er gewinnt – gerade weil er nicht fleißig ist! – einen Blick für eigenartige Kräfte, die die Welt durchwehen. Er wartet, schaut, genießt und sieht den Samen wachsen. Natürlich ist da erst mal nichts, was zu sehen wäre. Das ärgert mich bereits, wenn ich so etwas Banales wie Grassamen ausgestreut habe.

Ich warte, wirklich überhaupt nichts ist da über Tage auf der Erde zu sehen. Dann aber, *endlich* – eine hellgrüne Nadel, die die Erde durchsticht. Ein Halm, der größer wird. Und wer es nicht beim Gras belässt, kann eines Tages auch eine Ähre, Früchte, Weizenkörner sehen. Der Wartende erlebt abenteuerliche Kräfte, die wirksam werden, weil man
sie nicht erzeugen muss. Natürlich kann ich düngen, jäten und sollte auch das Gießen nicht vergessen – aber *dass* die Erde es wachsen lässt, hat niemand in der Hand. Ich kann nur hoffen, warten, staunen. Denn es geschieht ohne jeden Arbeitseifer.

Manchen mag es nett und kleinbäuerlich erscheinen, was Jesus über das Ackerleben erzählt, gemütlich und leicht provinziell, aus einer untergegangenen Epoche. Seine Worte aber provozieren und können in Nervosität versetzen, weil man normalerweise hofft, das Entscheidende in eigenen Händen zu haben. In der Regel regiert das Getriebe und Gebrause, das Diskutieren – und schon wieder tütet das Telefon. Ich war in meinem Leben schon so oft und auf Dauer rege, brav und eifrig, bin immer fröhlich forsch ans Werk gegangen. Aber mitunter ging es dann schon gar nicht mehr so fröhlich zu, denn wer erfolgreich sein will, muss sich mühen und auch quälen, heißt es oft. Wer 25 Stunden am Tag arbeitet, wird König sein – und ist bald nur noch ein Sklave. Auch das Engagement für die gute Sache ist mit Fleiß verbunden: „Wir müssen für Gerechtigkeit und Frieden kämpfen“, höre ich, wenn es darum geht, etwas vom Reich Gottes heute wirklich werden zu lassen. Und nicht vergessen: „Sich für die Schwachen anstrengen!“ Manchmal wirken die Engagierten erschöpft und schwächlich, was oft unbemerkt bleibt, weil der Einsatz für das Gute nun einmal mit Entbehrung verbunden wird. Dieses Engagement für das Reich Gottes aber scheint noch nicht das wunderbare Land zu sein, von dem Jesus erzählt. Denn auf dem Weg in das fantastisch-göttliche Glück hinein tummeln sich Taugenichtse, Müßiggänger, Himmelsgucker, all jene, die bereit sind, die Hände in den Schoß zu legen. So schärfen sie die Augen für das Lächeln Gottes, das geheimnisvoll und leise die Welt erhellt.

Stattdessen höre ich um mich herum ein anschwellendes Diskutieren. Die Tagesordnungskultur feiert in Firmen, Vorständen und Vereinen Triumphe. Top eins, Top zwei und immer weiter bis Top 24. Da werden die Rücken vom Sitzen und Diskutieren krumm. Das Rückgrat jedoch ist noch nicht krumm genug. Getoppt wird alles durch den letzten, den Tagesordnungspunkt 25: „Sonstiges“. Es ist jener Punkt, der Raum bietet für das, was außerdem noch zu diskutieren ist. Gekonnt bewegen sich Kiefer, Zunge, Lippen, das Debattieren klingt ausgefeilt und kundig, aber das große, das göttliche

Glück ist das nicht. Denn die Saat geht ohne jedes Gerede auf. Jesu Geschichte über das Ackerleben ist ein Einpersonenstück; da ist niemand, der redet. Der Halm wächst in die Länge ohne Diskussion. Denn das Eigentliche, das Wesentliche, das befreiende Himmelsglück, Gott selber – es geschieht von selbst und niemand weiß wie. Nichts kann ich tun und bin doch längst im Reich Gottes, jetzt, vielleicht – genau in diesem Augenblick.

Aber kann ich denn das Leben wirklich auf faule Weise bestehen? Schließlich muss man Prüfungen absolvieren, Geld verdienen – und das geschieht nicht von selbst. Der Lockruf vom himmlischen Nichtstun hält dennoch den gewöhnlichen Verpflichtungen stand. Ich jedenfalls habe einmal erlebt, wie ausgerechnet das Nichtstun im Arbeitsalltag einen Triumph feierte. Es war mein erster Termin als Journalist, Tag eins als Praktikant bei einer Tageszeitung. „Und Sie gehen zur Polizei", hieß es in der Konferenz der Redakteure. Denn die Polizei in Heidelberg, das war das Thema, wollte ihre Uniformhosen abschaffen. Das neue Beinkleid war eine Jeans, was natürlich witzig klang, aber ich war aufgeregt, unsicher. Ich wusste nicht, wie man das genau macht als Berichterstatter, es war das erste Mal. Was sollte ich die Polizisten und künftigen Jeansträger fragen, was notieren und wie das Gesammelte anschließend zusammenschreiben? Aber ich wagte es, den Samen aufs Land zu werfen, gab mir einen Stoß und startete in Richtung Polizeigebäude. Alles Weitere, was kam, ging tatsächlich von selbst! Und ich weiß nicht genau wie. Es gelang automatisch, war Genuss. Ich hörte zu, ließ mir erzählen und staunte. Die Fragen stellten sich von selbst, ich hatte Ohren für die überraschenden Worte rund um die alten und die neuen Hosen der Polizei. Als ich den Artikel einige Stunden später geschrieben hatte, lasen die Redakteure Korrektur, sie lachten: „Haben die Polizisten das wirklich so gesagt?“ Ja, es war so gewesen, mein Staunen schien die Münder der Ordnungshüter auf komische Weise geöffnet zu haben. Es war Faulheit, die mich in den Beruf des Journalisten starten ließ. Viel hat sich nicht geändert, es geht mir so bis heute. Die schönsten Worte höre ich, wenn ich bereit bin zu warten und mich nicht behindere, indem ich zu viel will, ich den Gesprächspartner also nicht vor lauter Fleiß unterbreche, sondern wenn ich ins Staunen darüber gerate, wie die Geschichten wachsen.

Das Himmlische ist doch viel zu unbescheiden, als dass es sich begrenzen ließe. Es lässt sich nicht nur am Feiertag, in Freizeit oder Urlaub erleben. Es hat die Kraft, im gewöhnlichen Arbeitsalltag wundersam befreiende Bilder zu malen. Von selbst geschieht das – auf Griechisch, in dem Jesu Erzählen ursprünglich abgefasst ist, heißt das *automate*. Das Reich Gottes? Man braucht es nicht zu übersetzen, es geschieht automatisch. Wie leicht kann es doch sein, Bürger dieses Landes zu werden. Es sind bereits viele, die das Gebot des immerwährenden Strebens brechen. Die verführerische Faulheit geschieht, wo kleine Kinder schreien, brabbeln, jubeln, wenn sie Automobile sehen. Das sind Wagen, die wie von selber fahren. Natürlich gibt es auch Züge, die wie von selbst durch die Landschaft gleiten. Und Erwachsene werden zu Kindern, vor Modelleisenbahnen oder den großen Lokomotiven – sie alle fahren wie von selbst. Das Reich Gottes scheint ein Kinderreich zu sein – und mitten drin begeistern die Automaten. Da ist der für Kaugummis, man schaut durchs kleine Fenster in ein Meer von Farben. Die Münze muss ich natürlich schon einwerfen, damit der Kaugummi in den Mund hinein wachsen kann. Aber was nach dem Einwurf der Münze geschieht, ist etwas, das ohne Arbeit geht. Ich höre das Drehen, ein Rasseln und ich weiß nicht wie, da kommt der Kaugummi heraus, er landet im Mund, ich genieße die Ernte.

Jesu Lehrstunde von der Faulheit mündet ins große Glück. Nach langem Warten und Staunen ist die Ernte da. Und jetzt? Mit einem Mal ist alles Dösen vorbei! Die Frucht ist reif, die Sichel wird ausgesandt, und *jetzt* wird gearbeitet mit allen Kräften. Woher kommen mit einem Mal die Kräfte? Sie fallen mir deshalb zu, weil ich bereit war, die Hände lange stillzuhalten. Wer faul ist, wird im entscheidenden Augenblick an Kraft gewinnen. Das ist wie bei einem Torjäger im Fußball. Es gibt Stürmer, die sehr wenig laufen, von den gegnerischen Fans werden sie verhöhnt. Aber so ein Spieler spart seine Kräfte, um bereit zu sein: Im entscheidenden Augenblick ist er zur Stelle, ein Schritt nur – und der Ball zappelt im Netz. Die Zeitungen kommentieren: „Das gesamte Spiel über war nichts von ihm zu sehen und dann macht er das Tor." Und der Torjäger selbst sagt, und es klingt wie ein Zitat aus Jesu Erzählen von der wachsenden Saat: „Und dann kam der Ball, irgendwie fiel mir das Ding auf den Kopf und da war er im Netz. Ich weiß selber nicht, wie es geschah, es ging wie von selbst."

Wenn der richtige Augenblick da ist, muss man sofort reagieren. Die Früchte sind reif! Die Körbe für die Ernte stehen bereit. Ich bin kein Bauer, habe aber trotzdem schon manche Ernte erlebt, zum Beispiel im Wald. Und das geht so: Lange habe ich den Sommer über gestaunt, wie die Sonne den Beeren Farbe gibt. Jetzt geht es in den Wald, in die Heidelbeeren. Rasch werden meine Hände blau und immer wieder weiter gleiten volle reife, süßsaure Beeren in den Korb. „Was wird das für ein Kuchenfest", male ich mir aus. Ich ahne es, ich hoffe und freue mich: Dieser Heidelbeerkuchen wird anders schmecken als die Blaubeerkuchen von so vielen Bäckereien. Die bilden vor Arbeitswut Ketten mit Hunderten von Filialen. Das Ergebnis ihres Fleißes ist ein Kucheneinheitsgebilde, in dem ich ab und an mal eine gezüchtete Beere finde. Nein, die Heidelbeeren, die ich im Wald ernte, sind nicht gezüchtet, sondern von selbst gewachsen. So schaue ich in den Korb, tauche ein in den Duft der erntefrischen Kügelchen und weiß: Der blaue Kuchen, den wir backen werden, wird sein wie der Eintritt ins Himmelreich. Und ich persönlich werde dazu Sahne essen.

Zahnspange

Warum ich anderen nicht alles krummnehme

136 Früher wurden Zahnspangenträger gehänselt, heute gelten Spangen fast schon als Schmuck. Sie sind ansehnlicher geworden und das Lächeln fällt durch eine glitzernde Spange doppelt auf. Trotzdem ist es ein langer Weg, sich die Stellung der Zähne korrigieren zu lassen. Warum also die Mühe? Spangenträger, Eltern, Bekannte, Verwandte und der Kieferorthopäde hoffen, dass der Biss kraftvoll und problemfrei werde.

Aber selbstverständlich schwingt auch die Hoffnung mit, dank gut postierter Zähne zu einem attraktiveren, vielleicht sogar geliebteren Menschen zu werden. Wie überhaupt gegenwärtig der Wunsch wächst, durch kosmetische oder körperliche Optimierung mehr Chancen im Leben zu haben. Ich hatte die Schule gerade verlassen, als auch mir ein Zahnarzt riet, die Lage meiner Zähne zu verbessern. Die Aussicht auf ein trefflich ineinandergreifendes Gebiss und dadurch über Jahre währende Gesundheit im Mund überzeugten mich. „Um deinen schiefen Zahn ist es schade, der gehört doch zu dir“, wagte meine Patentante einzuwenden, da war es aber schon zu spät.

Mich reizte beim Abenteuer Spange übrigens auch die philosophische Frage: Besitzt der Mensch die Freiheit, sich gravierend ändern zu können? Ich war gespannt, ob dank der künftig ordentlich in Reihe stehenden Zähne das Leben nicht viel leichter verliefe. Mündliche Prüfungen und Bewerbungsgespräche? Wäre doch gelacht, wenn
sich das nicht ganz von selbst erledigen würde. Von jeher eher hintergründig veranlagt, würde ich womöglich entschieden in den Vordergrund treten und für Furore sorgen in der Welt der Reichen, Schönen und derer, die alles immer auf die Reihe bringen. Nach einigen Jahren Behandlung konnte das neue Leben beginnen. Der Orthopäde fotografierte und archivierte das Endergebnis: Therapie erfolgreich abgeschlossen!

Aber was war nun mit der Frage, ob man die Freiheit besitzt, ein neuer Mensch zu werden? Zwanzig Jahre nach Abmontieren der Spange sind meine Zähne einer überraschenden Antwort nahe gerückt. Bis auf wenige Millimeter haben sie sich in die ursprüngliche Stellung zurückbewegt. Heißt das nun ganz allgemein, dass man letztlich der zu bleiben hat, der man schon immer war? Unfrei und gefangen in seiner Ausgangslage? Vielleicht ist es tatsächlich so, dass man sich nicht von Grund auf ändern kann. Zugleich aber fühle ich mich mit meinem wiedergefundenen schiefen Zahn auch zu mir zurückgekehrt. Es ist sogar so: Weil bei mir nicht alles ordentlich in Reihe sitzt, fühle ich mich überraschend frei. Ich bin in der glücklichen Lage, anderen Menschen nicht alles krummzunehmen. Und meine Patentante? Mir scheint, ihre Freude wächst von Jahr zu Jahr, wenn wir uns wiedersehen.

Laugenbrezel

Pause für die Aufbacköfen

Nirgendwo sonst auf der Welt werden so viel
Brot und Brötchen verspeist wie in Deutschland, sagen Statistiken. Der gute Geschmack jedoch hat es nicht leicht. Denn seit einigen Jahren landet der Teig nicht mehr zwangsläufig im Ofen einer Bäckerei. Stattdessen vermehrt sich rasant das eigentümliche Wesen des sogenannten *Aeromaten,* des Aufbackofens, der an so gut wie jeder Ecke stehen kann. In Fußgängerzonen passiert man Aufbackfilialen im Abstand von drei nicht einmal sonderlich langsam ausgeführten Kaubewegungen. Die Aeromaten freilich breiten sich nicht nur dank der Backfilialen aus, sondern sind auch in Supermärkten anzutreffen. Und selbst dort, wo normalerweise Pkw und Lkw Kraftstoff schlucken, an den Tankstellen, wird den Teigrohlingen schnell mal eingeheizt: Backparadies! Nicht mehr lange, dann wird die Zeit gekommen sein, dass man in diesen Paradiesen nicht faul Brötchen erntet, sondern ausgelegte Teigformationen im Schweiße der Aeromaten selber in den Ofen zu schieben hat. Warum aber leuchten diese Öfen zu fast jeder Stunde überall im Land? Weil sie ungeahnte Frische versprechen.

Noch warm, gerade eben erst gebacken sollen diese Brötchen sein. So greifen Aufbackangestellte immer neu nach den tief gefrorenen Teigrohlingen, um sie an Ort und Stelle knusprig werden zu lassen.

Vorboten dieser Sitte gab es bereits vor mehr als 30 Jahren. Damals wurden in Bahnhofsnähe Kabüffchen aufgestellt, aus denen heraus etwas gereicht wurde, das über einem Rost getoastet war und an eine Laugenbrezel erinnern sollte. Das lauwarme Flechtwerk bestand aus einem Stoff, der Klagespsalmen entstehen lassen kann und manchen Kindergaumen blutig kratzte. Ganz anders heute: Die in Bahnhöfen aeromatisch zubereiteten Brezeltypen zerfließen gleichsam im Mund. Die Dinger sind bundesweit genormt und werden fast noch heiß in die Hand gereicht. Hauptsache frisch! Wer die Brezel jedoch länger als eine halbe Stunde in der Tüte lässt, bemerkt: Das angeblich so frische Backwerk schmeckt nach Pappe. Weshalb nur erträgt ein Volk von Brötchen-, Brot- und Brezelkundigen diese pappige Frische? Vielleicht weil man sich lieber selbst betrügt als unmodern in einer althergebrachten Bäckerei einzukehren. In der Backstation des Supermarkts ganz in meiner Nähe erlebt man sich besonders auf der Höhe der Zeit: „Was kommt noch dazu?“, fragt die Verkäuferin nach jedem Kundenwunsch. Sie will also nicht wissen, *ob* überhaupt noch etwas gewünscht wird, sondern was man *zusätzlich, als Nächstes* haben will. Höflich betrachtet müsste man die Regale leer kaufen, ehe die Frage verstummen kann: „Was kommt noch dazu?“ Bis dahin freilich hätte der Aeromat längst schon wieder neu produziertes Backwerk ausgespuckt.

Die Frage mutet an wie ein Symbol: Nur wer widerspricht, wird nicht unter einem Berg von Frische begraben, die Minuten später schon nach Altpapier und Pappe schmeckt. Beim Widerstehen kann die Geschichte des Mose helfen: Unter seiner Führung zog das Volk der Hebräer durch die Wüste, es säte nicht und erntete auch nicht, sondern war auf das Backhandwerk Gottes angewiesen. Der ließ Manna vom Himmel regnen, das war nicht tiefgefroren und wurde niemals aufgewärmt. Die Brötchen Gottes, jeden Morgen frisch gebacken, waren köstlich einen ganzen langen Tag, weil sie niemals aufgebacken wurden. Die vom sechsten Tag der Woche schmeckten sogar noch einen Tag später, weil das himmlische Backhandwerk am siebten Tage Pause machte. So kann es noch heute sein: Wer sich von der biblischen Geschichte verführen lässt und der Frische des Aeromaten auch nur für einen Einkauf widersteht, beißt nicht in Pappe, sondern hat göttliche Brötchen im Mund.

Krimi

Sehnsucht nach Ordnung

Kriminalromane erfreuen sich großer Beliebtheit. Selbst die Feuilletons schlagen keinen Bogen mehr um dieses Genre. Dabei wurde der Kriminalroman einst als literarisch schwach gehandelt und sprachlich fast schon minderwertig. Wer in Buchhandlungen nach ihm fragte, konnte schon mal in die vom Buchhändler sogenannte Schund- und Schmuddelecke gewiesen werden. Gegenwärtig gilt das Gegenteil: Wer keine Krimis mag, muss sich dafür fast entschuldigen. Nicht nur Buchhandlungen, selbst Touristeninformationen haben mindestens einen Regionalkrimi zwischen Wander- und Ansichtskarten ausliegen. Auch Autoren mit hohen literarischen Auszeichnungen sind auf den Mord gekommen: „Ich wollte es schon immer tun“, sagt etwa die Schriftstellerin Juli Zeh, die kürzlich ihren ersten Krimi veröffentlichte.

Nur gelegentlich macht sich die überwundene Scham diesem Genre gegenüber noch bemerkbar, wenn Verlage erklären: „Diese Neuerscheinung ist viel mehr als nur ein Krimi!“ Sie sei nämlich in einem untypischen Stil geschrieben, zum Beispiel aus der Perspektive des Mörders – die literarische

Form sei nur das Vehikel, um eigentlich etwas ganz anderes mitzuteilen. Trotzdem wird bei diesen Erläuterungen nicht vergessen, den Gattungsbegriff immer wieder fallen zu lassen. Denn Verlage und Autoren wissen: Kriminalromane verkaufen sich meist gut.

Auch die Kirchen sind in den Strom der Begeis-
terung gesprungen. Geistliche und Pfarrerinnen werden in Romanen nicht nur zu Detektiven, sie schreiben auch selber welche. Prominente Theologen bekennen sich zu ihrer Krimilaune, darunter etwa jener Bischof, der nach einer Woche mit vielen Dienstfahrten und Terminen nirgendwo so wie beim Tatort entspannen kann, dieser für ihn beinahe heiligen Stunde. Die Geschichte eines Verbrechens und seiner Aufklärung kann offenbar eine Wirkung entfalten wie der Aufenthalt in einer Hängematte. Kriminalromane aber sind auch zum Gegenstand theologischer Analyse geworden. Auf akademischen Tagungen wird die religiöse Relevanz des Genres erkundet. Auch Krimigottesdienste werden gefeiert, in denen das Verkündigungsteam Parallelen zwischen Gott und Kommissar zieht: Denn bringe am Ende der Himmlische nicht auch wie der Kommissar alles in Ordnung? Die Sehnsucht nach einer Ordnung, die selbst den blutigsten Todesfällen zum Trotz nicht aus den Fugen gerät – sie kann in der Tat ein Grund sein, warum sich diese literarische Form innerhalb und au-

ßerhalb der Kirchen großer Beliebtheit erfreut. Das Böse und Dunkle kommt zur Sprache, doch am Ende siegen Recht und Ordnung. Der Fall ist aufgeklärt, trotz des vorherigen Schreckens ist meist alles wieder im Lot und das Vertrauen ins Leben zumindest prinzipiell wiederhergestellt.

144 Mich stimmt das allerdings nicht ganz zufrieden, weil ich Mord und Totschlag so leicht nicht verschmerzen kann, selbst wenn es sich nur um eine Lektüre handelt. Ich wünsche mir, dass inmitten der Krimibegeisterung ein anderes literarisches Genre nicht vergessen wird, nämlich das „Evangelium von Jesus Christus“. In der Bibel ist es vierfach ausgestaltet. Jesus betätigt sich darin nicht als Kommissar, er klärt keine Morde auf und der entscheidende Todesfall ist nicht am Anfang platziert, sondern am Ende. Dennoch kommt auch dort die Sehnsucht nach Wiederherstellung der Ordnung zur Sprache, nur geschieht es unbescheidener als im Krimi. Denn Gott ruft Jesus zurück ins Leben – ein Fall, den bis heute weder Theologieprofessoren noch Detektive ganz aufklären konnten: Laut Evangelium kommt auch nicht der Mörder, sondern der Tod höchstpersönlich hinter Gitter, was denen Hoffnung machen kann, die mit ihrer Trauer an kein Ende kommen.

Barfuß

Schönheit des Gesetzes

Kein Mensch will ohne Regeln leben, glaube ich. Jeder sucht nach einer Ordnung, die dem Leben Sinn verleiht. Wenn nämlich alles auf gleiche Weise gültig wäre, herrschte Chaos – nicht nur in der Welt, sondern auch in meinem Innern. Die Kunst ist nun aber, die richtigen Regeln zu finden, also jenen zu folgen, die dem Leben dienen. Sie sollen nicht zügeln, sondern einen Rahmen geben, in dem der Mensch auf gute Weise zum Zuge kommen kann. Das ist etwas anderes als jene Gesetzestreue, bei der es heißt: Sauerstoff adé! Da ist keine Bewegung mehr, nichts lebendig: Alles wirkt kalt und festgeschrieben. Was bleibt, sind Stillstand, Müdigkeit und Langeweile.

Reformation, das ist das Fest eines befreiend schönen Gesetzes. Es ist kein Regelwerk, das knechtet. Paulus, auf den sich der große Reformator Luther gern berief, wendet sich allerdings gegen das Gesetz, um dann wiederum für das Gesetz zu werben, so schreibt er in seinem Brief an die Gemeinde in Rom. Wie ist das aber möglich? Paulus unterscheidet zwischen zwei Orientierungssystemen. Sympathisch finde ich bei seiner Rede vom Gesetz:

Er spricht anders als viele Vortragenden heute nicht abgeklärt, sondern gefühlsbetont. Er stellt viele Fragen, dazu redet er von vermeintlich abstrakten Dingen wie von lebendigen Wesen: „Wo bleibt nun das Rühmen?“ Antwort: „Es ist ausgeschlossen.“ Ein Bild dafür, dass Paulus das ungute Gesetzesver-
 ständnis am liebsten auf den Abfallhaufen befördern will. Das Rühmen wird ausgesperrt; es kommt nicht mit hinein ins Haus des Lebens.

Dank der Erlösung durch Jesus Christus, sagt Paulus, braucht der Mensch sich nicht mehr permanent zu rühmen, das schadet eher. Befreiend, dass so auch die Lautsprecher draußen bleiben. Sonst werden meist diejenigen ausgeschlossen, die leise, schüchtern oder verzweifelt sind. Wie oft will man dabei sein und mitspielen – schon als Kind. Viele aber werden abgelehnt, weil sie ohne Sportschuhe auf dem Sportplatz stehen, barfuß, zuletzt in die Mannschaft gewählt werden und auf der Ersatzbank schmoren müssen. Ausgeschlossen sind auch die, für die im Arbeitsleben keine Verwendung mehr besteht. Angeblich. Da sitzen sie zu Hause, können sich ihres Berufs nicht rühmen. Oder man merkt: Leistungen und Überzeugungen, die früher gültig waren, gelten nun nicht mehr – auch da fühlt man sich isoliert unter denen, die den Takt der Gegenwart beherrschen. Dieses ungeschriebene Gesetz macht auf Dauer krank. Denn wer kann schon immer an der Spitze liegen?

Bei Gott aber gilt nicht die Regel, sich unaufhörlich brüsten zu müssen. Denn das Rühmen zählt nicht mehr, es herrscht Stille im Haus des Lebens. Sie ist tief und sie befreit. Denn dem Normalmenschen tun längst schon die Ohren weh von den stets von ihren guten Werken quasselnden Supermenschen, Preis- und Ordensträgern, Aktivitätsfetischisten, Großverdienern, Sportskanonen, Weltreisenden und Schwimmbadbesitzern. Paulus und Luther reden anders: Sie werben dafür, ein neues Gesetz aufzurichten. Es ist nicht das Gesetz des großen Namens oder der fleißigen Werke, sondern das des Glaubens. Dank seiner dürfen alle die auf Gottes Nähe hoffen, die mit sich nicht immer zufrieden sind. Weil bei ihnen nicht alles stimmt, tut ihnen das Gesetz des Glaubens gut. Es erzählt von einer Regel, die unwiderstehlich gnädig ist. Die Stillen, die Hoffnungslüstlinge, Barfüßigen und Trostsucher müssen von nun an nicht mehr draußen bleiben, sondern haben freien Eintritt – zum Fest des Lebens, das nicht weniger als überirdisch ist.

Wein

Abseits der Mikrofone

Es muss keine Massenveranstaltung oder feierliche Inszenierung sein, damit der Geist des Miteinanders wehen kann. Dieser Gedanke kam mir, als ich in den autobiografischen Schriften eines Ökumenikers von ungewohnter Würde stöberte. So etwas wie religiöse Konferenzen oder Versammlungen hätte er vermutlich gemieden. Dennoch betört dieser Anhänger der Fantasie, Erzähler und tief Gläubige – vielleicht gerade dadurch, dass er Vortragssäle und Mikrofone scheut. Ein einziges Mal habe er einen Vortrag gehalten, sagt er: „Die furchtbarste Stunde meines Lebens." Auch Anfragen, ob er aus seinen Büchern lesen wolle, lehnt er in der Regel ab. Am besten kann man ihm begegnen, wenn man zu einem seiner Romane, Gedichte, Märchen oder eben auch zu seinen autobiografischen Schriften greift. Denn der Mann, von dem hier die Rede ist, schätzt sich selbst als völlig medienuntauglich ein: Hermann Hesse.

Dieser Ökumeniker der anderen Art lebt nicht mehr – und lebt doch fort. Statt in Hallen zu sprechen, wanderte er lieber durch die Natur – sie liebt er, in ihr lebt er auf. Die Empfindlichkeit sei sein höchstes Gut, gesteht er freimütig ein. Wovon solle er als Schriftsteller sonst auch leben? Seine Leser sind nicht in Gruppen organisiert; wer sich von Hesses Ideen inspirieren lässt, wird nicht Mitglied. Man ist oft einfach aufgewühlt und beruhigt zugleich, hingerissen von einem, der sein Erzählen selbst nicht als schön und literarisch einschätzt, allenfalls als ehrlich. Die Helden seiner Bücher sind Suchende, sie wandern durch die Religionen – so sieht er auch sich selbst: Er sei Christ mit indisch-asiatischem Hintergrund. Die höchste und einzige Tugend für ihn? Eigensinn. Er will schlicht wachsen, nicht anders als ein Baum es tut, der zur Entfaltung bringt, was tief in ihm steckt. All die anderen und oft laut gerühmten Tugenden, Gebote und Anweisungen sind ihm verdächtig, er summiert sie unter dem Stichwort Gehorsam.

Ob der Ökumeniker Hermann Hesse an einem ökumenischen Kirchentag teilgenommen hätte? Das Überraschende an solchen Zusammenkünften hätte dem religiösen Wanderer gefallen, jede Form von ungeplanter Freude. Unangenehm aber ist ihm, wenn sich die Kirchen als Organisationen in den Vordergrund rücken. Dann sieht er „Wichtigtun, Gezänk und einen oft rohen Machtwillen am Werk". In ihrer politischen und konfessionellen Färbung seien die Kirchen ohnehin oft genug nur Karikaturen. Trotzdem sagt er von sich: „Ich habe nie ohne Religion gelebt und könnte keinen Tag ohne sie leben, aber ich bin ein Leben lang ohne Kirche ausgekommen."

Das wird innerhalb der Kirchen natürlich so gut wie nie zitiert. Stattdessen freut man sich am netten Dichter Hesse. Pfarrer zitieren in Predigten: „Und jedem Anfang wohnt ein Zauber inne", im Gemeindebrief sieht man ein Naturgedicht mit Sommerbild. Nur ob man diesen Gläubigen zu einer Podiumsdiskussion über das Miteinander der Religionen eingeladen hätte, wenn er heute noch leben würde? Abgelehnt hätte er bestimmt. Bei Podiumsgesprächen wäre er gewiss ins Stottern gekommen. Ihm geht es auch nicht um Diskussion, um Erkenntnis oder Wissen, sondern um Liebe. Solch einfache Sätze werden von klug parlierenden und wissenschaftlich renommierten Referenten belächelt.

Aber noch etwas anderes wird Hesse bei einem Ereignis wie dem Kirchentag abgeschreckt haben: Dort darf offiziell kein Wein getrunken werden. Der Wein aber ist in seinem Werk und Leben allgegenwärtig. Hermann Hesse war, ist und bleibt ein Einzelgänger. Gerade dadurch berührt er unzählige Menschen so gut wie überall auf der Welt. Der Suhrkamp-Verlag, der sein Werk verlegt, würde ohne ihn schon lange nicht mehr existieren, heißt es. Jenseits der organisierten Frömmigkeit, der Debatten und Interviews kann man ihm begegnen. Die religiös Suchenden und Sehnsüchtigen begeistert er auf stille Weise.

Sarg

Warum man das Trauern nicht üben muss

Im November servieren Fernsehen und Hörfunk eine Vielzahl an Trauerexperten. Selbst wenn ich im kostenfreien Anzeigenblatt blättere, das ich aus dem Briefkasten fische, wird mir erklärt, wie das Abschiednehmen funktioniert. Vor einigen Jahren wurden Sterben, Tod und Trauern eher als Tabu gehandelt. Das scheint vorbei zu sein. Da ist die Rede von Trauerphasen, die man zu durchwandern habe, damit dann alles leichter wird. Noch günstiger sei es, mit dem Trauern bereits vor dem Todesfall zu beginnen. Das Loslassen lässt sich üben, auch das eigene Leben sei ja nichts anderes als eine Kette von Todesfällen, lese ich, was natürlich im übertragenen Sinn zu verstehen ist: Das Kind entwächst dem Kindesalter, einmal wird man erwachsen, auch ein Umzug lässt sich als eine Art von Sterben verstehen, Freundschaften vergehen, man wechselt die Firma oder den Beruf. Saat und Ernte, Werden und Vergehen, alles ganz normal, sagen die Trauerexperten. Selbst Partnerschaften zerbrechen heute nicht mehr, sie gehen auseinander. Und eine Scheidung ist kein Riss, sie lässt sich inzwischen auch rituell begehen.

Einige aber, bemerke ich, halten nicht mit, ihnen tut ein Abschied schlicht und einfach weh, mögen sie auch noch so fleißig das Bewältigen üben, in der Gruppe oder allein. Es gibt Schriften über das Trauern, sie sind zu einem wichtigen Segment auf dem Buchmarkt geworden. Gerade die sorgfältig edierten Trauerbegleiter sind weit verbreitet. Die Fotos sind weich gezeichnet, oft ist ein Baum im Herbst zu sehen. Dutzendfach und mit Rabatt können diese Bücher von Kirchengemeinden erworben und weitergegeben werden. Angenehm liegen die gepflegten Bände in der Hand. Zu lesen ist: Das Trauern ist traurig. Auf der letzten Seite aber steht: „Es hat schon alles seinen Sinn, da ist doch in der Ferne ein Licht zu sehen – oder etwa nicht? Nun wenden Sie sich dem Leben wieder zu.“ Und erneut ist da ein schönes Foto zu sehen. Was aber ist mit denen, deren Trauer sich nicht weich anfühlt? Sie haben in diesen Büchern keinen Platz.

Vielleicht finden sie einen Weg, auf andere und reflektiertere Weise mit dem Tod umzugehen? Es gibt über das Sterben Ausstellungen in Museen, was sich Sepulkralkultur nennt. Zu sehen ist, was alles möglich war und ist, bei den Römern, Kelten oder den Ägyptern. Heutzutage, entdeckt man, lassen sich manche im VW-Käfer bestatten. Das Abschiednehmen wird zum Event. Dagegen wirken die Trauerriten der Kirchen und Religionen fast blass, zumal auch die Bestattungsunternehmer ihr

Angebot ausbauen. In neu errichteten Trauerhäusern kann man Särge bemalen, es werden Klangkörper für Verstorbene gebastelt. Dazu lässt sich die eigene Begräbnisstätte im firmeneigenen Waldfriedhof planen. Denn: „Die Sache mit dem Sterben ist kostbar, gehört zum Leben und ist vor allem ganz natürlich!“

Was aber soll der Trauernde tun, der spürt: Der Sarg ist bunt, man hat den Angehörigen gewaschen, die Lieblings-CD schepperte während der Abschiedszeremonie nicht – und es tut trotzdem weh? Ich glaube, wer den Tod als groß und furchtbar empfindet, hat den Sinn des Lebens verstanden, den man angesichts des Todes zu verlieren droht. Schließlich wird, wer stirbt, nicht wiederkommen. Das ist eine Wahrheit, die sich nicht bunt bemalen lässt. Sie ist keine Krankheit, man kann das auch nicht therapieren. Auch nach einem Durchwandern von meinetwegen 17 Trauerphasen wird eine Lücke bleiben, ein Stuhl am Tisch bleibt frei. In der Bibel wird diese Wahrheit nicht zerredet, in ihr kann ich auch keine Trainingsprogramme für richtiges Trauern finden. Stattdessen rumort in ihr ein kaum zu stillender Abschiedsschmerz, der die Sehnsucht umso mehr zum Blühen bringt. Jesus jedenfalls, wird erzählt, war so gut wie nie auf einer Beerdigung zu sehen. Er fand das mit dem Sterben offenbar nicht sonderlich natürlich. Immer wieder ließ er sich dazu hinreißen, Tote zu erwecken. Und auch mit seinem eigenen Tod schien er sich nicht arrangieren zu können, als er am dritten Tag auf befreiend unnatürliche Weise das Grab verließ.

Aminfluorid

Ende der Vergänglichkeit

Artig, brav und willenlos gehorsam? Daran denken viele, wenn von Herr und Herrschaft die Rede ist. Ich erinnere mich etwa an den *dominus*. Gleich am Anfang des Lateinbuches erhob er seine Stimme. Ich war zehn Jahre alt und hatte eine winzige Geschichte zu übersetzen. In ihr befahl *dominus*, also der Hausherr, dem *servus*, dem Sklaven, er solle gefälligst dies und das tun. Der gehorchte. Und alles war in guter römischer Ordnung. Nicht viel anders war der Unterricht: Der Lehrer sprach! Und wir hatten zu folgen.

Es waren vermutlich Erlebnisse wie diese, die mich lehrten, den Ruf der Freiheit zu achten. Ich bin gelernter Pfarrer, arbeite als Schriftsteller und Journalist. Manchmal bin ich auch als Seelsorger gefragt, aber freiberuflich und ohne Chef und Vorgesetzte. Ich reagiere sensibel, wenn ich bemerke: Ein Mensch will Herrschaft ausüben. Mich ärgert das besonders dann, wenn sich der Herrschaftswille der Kraft der Argumente widersetzt. So liebe ich die Freiheit, jeden Tag neu will ich sie behaupten und genieße es, mein eigener Herr im Einpersonenbüro zu sein.

Da werde ich selbstverständlich sofort unruhig, wenn Paulus im Philipperbrief auf euphorische Weise von seinem Herrn und dessen Herrschaft spricht, von Christus. Ich kann jedoch nun auch nicht leugnen: Mich berührt, was Paulus vor diesen Worten sagt, es trifft auf mich zu: Auch ich kann mich nicht selber leben, kann nicht selber sterben. Ich kann es vielleicht beeinflussen, der geheimnisvolle Raum zwischen Leben und Sterben jedoch ist unergründlich. Da habe ich das Zepter nicht in der Hand. Die Logik von Tod und Leben entzieht sich mir, das merke ich, wenn ich am Grab eines geliebten Menschen stehe. Andere versuchen aber gerade das – die Regie über Tod und Leben zu übernehmen: Sie schützen sich, suchen ständig Ärzte auf, kundschaften Krankheiten im Internet bis ins Detail aus, dazu auch noch alle gängigen und weniger gängigen Abwehrmöglichkeiten – alles das, um Herr über das eigene Leben zu sein.

Auch ich will selbstverständlich lange leben, möglichst gut, gesund und frisch. Ich merke aber manchmal, wie ich zu leben vergesse, weil ich so vieles dafür tue, die Vergänglichkeit außer Kraft zu setzen. Vergeblich. Jedes Zahnproblem verdirbt mir die Laune. Und die gewissenhaft betriebene Minimierung des Kristallzuckers inklusive der Investitionen in Zahnschmelz härtendes Aminflourid jeglichen Aggregatzustandes (Gel, Spülung, Creme) – mit alldem setze ich die Vergänglichkeit nicht außer Kraft. Da gesteht auch ein notorischer Freund von Freiheit und Unabhängigkeit wie ich: Wenn es um den tiefen Grund von Tod und Leben geht, habe ich die Fäden nicht in der Hand.

Die frohe Botschaft, von der Paulus erzählt, lautet aber: Die Vergänglichkeit ist nicht unser Herr. Sondern? Christus, der uns aus den Klauen aller Sorge lösen kann. Wie ist denn das nur möglich? Paulus weiter: Christus war ein Mensch, der anders als wir nicht darauf aus war, das Leben zu verlängern. Er war somit sein Leben lang nicht damit beschäftigt, nur ja nicht zu sterben – selbst wenn das verzeihlich, weil typisch menschlich gewesen wäre. So aber blühte die wunderbare Kraft Gottes in ihm voll auf. Er wich dem Tod nicht aus, floh nicht, lief ihm nicht davon. Er trat ihm gegenüber – von Angesicht zu Angesicht. Da wurden die vermeintlichen Herren aller Herren, Tod und Vergänglichkeit, schwach. Christus erstarkte wundervoll, er wurde wieder lebendig! Wer an ihn glaubt, dem wird es genauso gehen, sagt Paulus: Das Schönste wird erst noch kommen. Zugegeben, das ist unbeweisbar und klingt nach den Maßstäben der universitären Wissenschaft nicht logisch. Aber was macht das schon – angesichts dieser verführerisch klingenden Unlogik des Lebens! Da bekennt selbst ein Freiberufler wie ich: Christus ist mein Herr, weil er mich nicht knechtet. Von dem ständigen Schielen auf Lebensverlängerung will er erlösen.

Mülltonne

Wenn Engel ihre Arbeit tun

158 Wenn man den Wohnort wechselt, betrachtet man die neue Gegend mit scharfen Augen. Man entdeckt Dinge, die man einige Jahre später für gewöhnlich erklärt. So war das auch, als wir vor einigen Jahren das Zuhause wechselten. Dank der Buslinie 956, die viele Haken schlägt, schipperte ich nunmehr mehrmals wöchentlich durch viele mir noch unbekannte Siedlungen. Was mir ins Auge fiel, war Müll. Um es genau zu formulieren: Mir fiel auf, dass Mülleimer gerade *nicht* zu sehen waren.

Man konnte sie jedoch erahnen, denn sie waren verhüllt – als ob es sich um ungewöhnlich wichtige Objekte handelte. Das war nicht ganz so kunst- und glanzvoll wie damals, als der Verpackungskünstler Kristo dem Reichstag in Berlin ein Kleid verpasste. Aber auch aus Bus 956 heraus war zu erkennen, wie die Mülltonnen auf augenfällige Weise ummantelt worden waren. Da gab es Holzverkleidungen aus Pfählen oder kleine Müllgaragen aus Stein. Auch kunstvoll geflochtene Wände aus Holz verbargen das, was den Nasen bei Hitze dennoch nicht entgeht. Einige Müllplätze waren mit einer

Art Talisman oder mit Götterfiguren geschmückt. Auf einer der Steinumkleidungen stand ein junger griechischer Olympionike, der den Diskus wirft. Auch sah ich eine nackte Venus, selbst Engelfiguren thronten auf Mülltonnenverkleidungen – als ob sie eine Kapelle zieren. Übertreibe ich? Keineswegs: Man muss nur einmal mit Linie 956 fahren. Aber warum will man den Müll eigentlich unsichtbar machen? Dazu diese Hingabe, den Müllstellplatz zu einem heiligen Ort im Alltag zu erklären!

Auch in dem Haus, in das meine Frau und ich damals zogen, waren die Mülltonnen für die Allgemeinheit unsichtbar. Wir gingen zu ihnen wie in eine kleine Laube hinein. Der Stellplatz war von Wildem Wein überwuchert. Im Herbst konnten wir gar Trauben ernten, ein ungewöhnlich süßer Geschmack! Riesling. Der fortschreitende Herbst enthüllte dann aber das, was vorher gut verborgen war. Nachbarn, Passanten und auch wir vom Küchenfenster aus sahen, was nicht wegzureden ist: Tonnen mit all dem Müll darin, den wir täglich fabrizieren. Das war natürlich ein wenig peinlich. Andererseits war ich über die Enttarnung erleichtert. Der Anblick einer Mülltonne nämlich kann daran erinnern, dass nicht alles glänzt und ewig halten muss. Menschen haben auch Schattenseiten. Nicht alles, was man im Leben tut, bringt eine süße Ernte ein. Man muss nun nicht ständig auf den eigenen Müll verweisen, aber er gehört nun mal zum

Menschen dazu, finde ich. Man braucht sich dessen nicht zu schämen, man kann ihm offenen Auges begegnen. Aber vielleicht sind diejenigen, die den Müllstellplatz zum Ehrenplatz erklären, auch Träumer? Womöglich wünschen sie sich, dass der Müll verzaubert wird, eines Tages aufgehoben und verwandelt? Dann sind die Engelfiguren nichts anderes als der Wunsch nach Vollendung, dem Ende der Halbheit. Daran muss ich denken, wenn ich dem Müllauto begegne. Manchmal kommt es im Morgengrauen und im Winternebel. Dann wieder am sonnenhellen Vormittag. Die Arbeiter sind keine Olympioniken, ähneln nicht der Venus. Trotzdem erinnern sie an Himmelswesen: Gelassen greifen sie nach den Tonnen, nüchtern und engelgleich.

Birne

Des Apostels Herz
für Tiere

Werde doch endlich mal erwachsen!“ Das kann man noch im hohen Alter hören. Es handelt sich um die leicht genervt gesprochene Mahnung, abgeklärter zu handeln, vielleicht weniger schmerzempfindlich zu sein, auch weniger wehmütig. Der Apostel Paulus sagt das nicht: Er mahnt und nörgelt nicht – anders als die, die ihre Tipps zum Erwachsenwerden von sich geben. Streng genommen *redet* Paulus auch nicht im achten Kapitel des Römerbriefes. Seine Sätze wirken wie Gesang. Er jubelt, hofft, er malt sich aus: „Wir werden Kinder werden!“ Damit meint er nicht, dass sich der Glaubende zurückverwandelt und immer jünger wird. Nein: Es gibt eine Möglichkeit, in die Zukunft zu wachsen und ein Kind Gottes zu sein. Darauf dürfen sich alle freuen, die sich des Klagens und Jammerns nicht schämen. Denn die beste Aussicht auf das befreiend kindliche Leben haben diejenigen, die schmerzempfindlich sind. Sie können sehr gut klagen, weil sie sich nicht mit allem arrangieren. „So geht das nicht, das ist ja schrecklich!“ Wer das bisweilen sagt, ist geeignet für Gottes Herrlichkeit – es sind die, die Sehnsucht haben.

Das gilt, sagt Paulus, übrigens nicht nur für Menschen, sondern auch für Tiere. Auch sie jammern, klagen, jaulen, kennen Schmerzen. Selbst Pflanzen wissen davon: Gerade eben noch sind die Rosen aufgeblüht! Was war das für ein Fest! Nun liegen die Blätter am Boden, die Farben sind vergangen. Es ist, als ob die Blüten weinen, sich wie Tränen auf die Erde ausstreuen. Wunderbares, aber doch auch Schmerz ist in der Schöpfung zu finden. Jedes Jahr wieder blüht der Birnbaum, erste Früchte zeigen sich – ich freue mich. Und ich sehe es, der Birnbaum freut sich auch! Doch dann: Wie in den vergangenen Jahren oft bekommen die Blätter wieder Flecken. Die noch sehr kleinen Früchte, die aber schon die Form von Birnen haben, fallen zu Boden – weit vor der Zeit. Nie durften sie in ganzer Größe leben und an Süße gewinnen.

Andere lachen über meine Trauer. Doch Kinder und auch Erwachsene, die kindlich fühlen, können das Seufzen der Bäume und das Jammern der Tiere hören. Paulus scheint so jemand gewesen zu sein, ein Apostel von kindlich großer Würde. Lange vor Professor Grzimek hatte er bereits ein Herz für Tiere. Sie und auch die Pflanzen dürfen hoffen – auf ein ewiges Leben, ist der Apostel überzeugt. Da müssen die Menschen im Jenseits schon mal nicht alleine bleiben. Die gesamte Schöpfung seufzt und ängstigt sich mit uns, schreibt Paulus. So groß der Schmerz, so groß die Hoffnung. Warum also die

Zähne aufeinanderbeißen? Besser ist es, Lieder von Schmerz und Trauer zu singen und zu schreien: So laut die Wut, so herrlich ist die Lösung und auch die Erlösung – am Ende. Der Birnbaum wird blühen und Früchte tragen. Da kommt der Tag, an dem ich sie ernten werde. Ich berühre sie, schwer liegen sie in meiner Hand, sie schmeicheln der Hand und meine Finger streicheln über ihren Körper. Vorerst aber muss ich die kleinen Früchte noch begraben. Es ist ein Schmerz, der bleibt und mit mir geht. Dann aber, wenn die Zeit gekommen ist, werden die Birnen einen besonderen Kuchen prägen. Auf frische Weise krönen sie den Schokoladenteig – Erfüllung und Vorgeschmack von jenem Fest, das ewig ist.

Kaffeetasse

Sehnsucht nach Erleuchtung

Manchmal frage ich mich, warum ich eigentlich immer wieder in Cafés lande. Und wenn ich meine Geburtstagfeier plane, komme ich nach einigem Überlegen stets zu dem Ergebnis: Wie wäre es, wenn ich eine Kaffeetafel anbiete? So backe ich Zwetschgen- oder Apfelkuchen – am besten beides, Tee und Kaffee werden zubereitet, die Sahne wird steif geschlagen. Selbst wenn mein Geburtstag auf einen Werktag fällt, die Gäste also nicht ohne Weiteres am Nachmittag kommen können, bleibt es bei der Kombination von Kaffee und Kuchen.

Es muss mit dem zu tun haben, was manche religiöse Sehnsucht nennen. Nur warum suche ich die ausgerechnet in einer Kaffeetasse und melde mich nicht in einem Meditationszentrum an? Auch Mystik-Seminare buche ich nicht, Angebote zum Bogenschießen im Zen-Buddhismus habe ich noch nicht besucht. Und wenn ich in Klosternähe gerate, interessiert mich immer, ob es nicht auch eine Klosterschenke gibt. Von einem Besuch der Fraueninsel im Chiemsee ist mir als Einziges in Erinnerung geblieben, dass die Nonnen dort ein wunderbares Kloster-Marzipan anbieten. Typisch.

Seltsam bei meiner ausgeprägten Kaffeetafel-Sehnsucht aber ist: Ich nehme so gut wie gar kein Koffein zu mir. „Wollen Sie Kaffee?“, wird bei Geschäftsterminen gefragt. Das ist ein Ritual und hilft, eine Brücke zueinander zu schlagen. Die Ablehnung kann wie ein Affront wirken, der erste Schwung des Kennenlernens ist verflogen. Dazu müssen die Geschäftspartner auf die Suche nach Teebeuteln oder einer Wasserflasche gehen. Erstaunlich, dass ich beruflich überhaupt noch existiere, da ich mit meiner Kaffeeabwehr den Anfangsschwung schon so oft im Keim erstickt habe.

Vielleicht aber liebe ich Kaffee viel zu sehr, sodass ich ihn kaum zu trinken wage? Es gibt in meinem Leben immer noch etwas, das unerkannt und geheimnisgroß offen steht. Allergisch bin ich auf alle Fälle nicht: Denn der Duft von frisch gebrühtem Kaffee versetzt mich in Festtagsstimmung. Auch habe ich schon Eiskaffee getrunken, unter dem Deckmantel von Tiramisu gelangt Koffein in meinen Blutkreislauf. Manchmal will mir sogar scheinen: Obwohl Kaffee tiefschwarz ist, kann er den Weg zur Erleuchtung bahnen. Ich will keine Kaffeesatzleserei betreiben, aber der Blick in eine frisch gefüllte Kaffeetasse ist eine Aussicht, die von der himmlischen Vollkommenheit erzählen kann, von der Vollendung.

Womöglich hat meine Distanz zu dem vielgerühmten Getränk also auch etwas mit Respekt,

Ehrfurcht und Scheu zu tun: Indem ich Abstand halte, kann ich von diesem Geschmack immer weiter träumen und die Welt, die im Alltag ihren Duft entfaltet, bleibt auf faszinierende Weise fremd. Stattdessen genieße ich Tee. Was man mit Darjeeling, Keemun oder Assam erleben kann, wird vermutlich auch nicht so viel anders sein als das, wovon Kaffeeliebhaber schwärmen. Da ist der Becher, dessen Wärme der Hand schmeichelt. Allein das kann schon beruhigen – gerade dann, wenn es einen fröstelt. Noch steht der Becher auf dem Tisch, der Duft der vom Bundesgesundheitsministerium nicht auf den Index gesetzten Himmelsdroge findet aber seinen Weg schon in die Nase. Und dann? Das Getränk wird emporgehoben. Wenn die Tasse in Lippennähe ist, kann man sich fast wie in einem Spiegel sehen, doch bin ich deshalb nicht Narziss, der in seinem Spielgelbild ertrinkt. Denn ich falle nicht in den Becher, sondern die Erfrischung landet in mir. Außerdem ist das Gesicht allenfalls in Umrissen zu erkennen, sodass der Genuss eine Selbsterkenntnis ist, die weit über das hinausreicht, was ich in und mit mir alleine finden könnte. So ist es ganz natürlich, dass man Kaffee, Tee und Kuchen oft mit andern teilen will. Der Augenblick kurz vor dem ersten Schluck jedenfalls – das ist, wie wenn Romeo und Julia ihre Liebe leben dürfen. Das Getränk auf der einen und die Sehnsucht nach Erfüllung auf der anderen Seite – sie finden zusammen und niemand ist da, der diesen Moment verhindern könnte. Der erste Schluck am Morgen kann wie eine Lösung sein, eine überirdisch wirkende Medizin, weil es ist, als ob der Himmel zu mir spräche: Du bist gewünscht, gewollt, geeignet für diesen Tag, selbst wenn er furchtbar trocken werden sollte.

Dennoch werden Teetassen und Kaffeebecher nicht immer ausgetrunken, oft bleibt ein Rest übrig, das beobachte ich nicht nur bei mir selbst. Hektik allein reicht als Grund dafür nicht aus, es muss auch etwas damit zu tun haben, dass das Schöne kein Ende nehmen soll. Deswegen gibt es auch Thermoskannen. Meine persönliche CO_2-Bilanz sieht in diesem Zusammenhang alles andere als blendend aus: Ich verbrauche gewiss so viele Teelichter, wie es Tage gibt, denn das Stövchen soll leuchten und der Tee in der Kanne am Leben bleiben. Trotz solcher Erfindungen zur Ausdehnung des Genusses ist der fantastisch gute erste Schluck unwiederholbar. Das nährt den Wunsch, dass er wieder kommen soll – und eines Tages endlich einmal auch so, dass ich niemals mehr etwas vermisse. Vielleicht auch aus dieser Sehnsucht heraus bleibt in der Tasse manchmal etwas übrig. Mag dieser Rest auch bald erkalten, so drückt er doch Hoffnung aus: Die von der Schwärze des Getränks ausgehende Leuchtkraft soll nicht zur Neige gehen, der Grund nicht trocken werden, die Quelle immer weiter sprudeln.

Von der Sehnsucht nach Erleuchtung kann nicht nur der Blick in die Kaffeetasse erzählen, sondern auch der in die Bibel. Ganz am Ende ist dort nämlich vom Ende der Nacht die Rede. Die Sehnsuchtsvollen „bedürfen keiner Leuchte und nicht des Lichts der Sonne; denn Gott der Herr

wird sie erleuchten." Die Erleuchteten – das sind die, die in ihrem Leben zu trinken begehrten. „Und wen dürstet, der komme; und wer will, der nehme das Wasser des Lebens umsonst."

In den Auslegungen zu diesen Worten aus der Offenbarung des Johannes finde ich nichts zu der Frage, welchen Geschmack das Wasser des Lebens haben wird. Historisch und kulturgeschichtlich betrachtet kann der Autor nicht an Kaffee oder Tee gedacht haben. Andererseits handelt es sich bei der Johannesoffenbarung um ein prophetisches Zeugnis, um eine Vision oder auch das, was die Theologen als eschatologisch bezeichnen. Klingt vielleicht ein wenig kompliziert, gemeint aber ist damit einfach das, worauf man sich freut. Als Vorgeschmack ist es jetzt schon möglich, im Großen kommt es erst später: das Ende von Leid, Geschrei und Schmerz. Wie wird das genau sein? Ich weiß es nicht, niemand kann es genau sagen, gefeiert aber wird gewiss: Die Erleuchteten werden einen endlos tiefen Schluck vom Lebenswasser nehmen, indem sie sich etwa an eine Kaffeetafel setzen.

Schokonikolaus

Vom Danksagen

Neuerdings ist die Danksagungskultur ins
Rampenlicht gerückt. Firmen, Vereine, soziale Organisationen und die Kirchen überlegen, wie man ein Klima der Wertschätzung erzeugen kann. Die Zufriedenheit von Mitarbeitern und Mitgliedern soll steigen. Also erstellt man Konzepte, Theorien und Schulungen. Ein großer Aufwand für etwas, das eigentlich so selbstverständlich ist, dass man es vermutlich gar nicht mal trainieren kann. Es gelingt von selbst, wenn sich jemand freut, mitfühlt, sich begeistern lässt. Ein Lob fördert den Mut, es tut gut. Ohne solche Aufmerksamkeiten würde der Mensch gewiss vertrocknen wie ein Busch, dessen Wurzeln kein Wasser finden.

Die moderne Art des Dankens aber klingt anders: „Seien Sie gewiss, in unserem Team werden Ihr Wirken und Ihr Engagement von allen gesehen, es gilt uns als wertgeschätzt." Solch bizarres sozioökonomisches Kauderwelsch habe ich tatsächlich schon gehört. Die Pointe ist dabei: Es klingt nicht nur ökonomisch, sondern ist auch so gemeint. Man sagt nicht einfach „gut gemacht" oder „großartig", sondern verwendet ein Wort, das in der Immobilienbranche geläufig ist. Dort schätzt man den Wert von Gebäuden ein. Und in der modernen Anerkennungskultur schätzt man den Wert eines Menschen ein, den er für die Organisation haben kann.

Auf eine Formel gebracht klingt das dann so: *Wertschöpfung dank Wertschätzung*. So las ich das kürzlich in der Zeitung. Ein Mönch und Betriebswirt sagte das in erstaunlicher Offenheit und erklärte, weshalb ein gutes Betriebsklima von Nutzen sei. Oder anders gesagt: Wenn wir die Mitarbeiter lieben, klingelt auch die Kasse – egal ob in Firma, Kloster oder Kirche. In der Kirche dienen eingehende Gelder natürlich einem guten Zweck, etwa der Renovierung heiliger Gebäude oder dem didaktisch neuesten Spielgerät für christlich zu erziehende Kinder. So gibt es kirchliche Akademien, in denen man das Spendeneintreiben lernen kann. Verkündet wird dort: Das Danken ist eine entscheidende Ressource! Rasch soll es erfolgen – ruhig per Telefon, auf keinen Fall aber länger als sieben Tage nach Eingang des Geldes. So steigen die Chancen, dass der auf diese Weise wertgeschätzte Spender auch künftig Geld fließen lässt.

Die tiefe Sehnsucht des Menschen nach Anerkennung wird ausgenutzt. Als Kind auf der Nikolausfeier im Sportverein war das noch anders: Obwohl ich die für mich damals magischen drei Meter im Weitsprung nicht geschafft hatte, überreichte mir Nikolaus einen Beutel, der überhaupt nicht kleiner war als der des Kreismeisters! Und das Schönste war: In dem Beutel fand ich den, der mir den Beutel überreichte, wieder – nur etwas kleiner. Damals sprach man nicht von Anerkennungskultur, sondern von Schokolade. Heute erhalten Schüler als Belohnung schon mal eine Dauerkarte fürs Freibad, allerdings nur diejenigen, die drei Einsen im Zeugnis vorzuweisen haben.

Das belegt: Die modernen Formen des Lobens sind kalkuliert. Ermutigung erfolgt, wenn sie anderen etwas nützt. Und selbst ein so heiliges Wort wie Liebe wird kurzerhand als Instrument eingesetzt zur Steigerung von Gewinnen. Wenn ich solchen Gesten vermeintlicher Liebe begegne, beschleicht mich ein ungutes Gefühl. Alles wirkt sinnvoll und korrekt. Aber man ahnt: Wenn ich einmal keinen Mehrwert bringe, werden diese Gesten eingestellt. Die wahre Ermutigung dagegen hört niemals auf, sie erfolgt ohne jedes Ziel – außer vielleicht dem, dass das, was in mir leuchten will, auch leuchten darf. Es ist ein Loben, das die Seele und den ganzen Menschen glänzen lässt. Es strengt nicht an, tut auch nicht weh, es ist Ernst und Spiel zugleich. Jesus konnte es ganz schlicht und meisterhaft, weil er anders als ein Immobilienmakler sprach. Die zu ihm kamen, mussten überhaupt nichts tun, um Ermutigungen wie diese zu hören: „Ihr seid das Licht der Welt."

Ampel

Ein schlechter Start lässt hoffen

 Bei Sprintern spricht man bewundernd vom Blitzstart und bei Autorennen ist eine gute Ausgangsposition gefragt. Auch sonst im Leben ist der gelungene Anfang von Vorteil. Beim Bewerbungsgespräch entscheiden oft die ersten Sekunden, heißt es. Der erste Tag an der neuen Arbeitsstelle ist wichtig! Selbst beim Thema aller Themen, der Liebe, sei der erste Eindruck entscheidend, las ich kürzlich in der Tageszeitung in der Rubrik „Medizin & Wissen". So ist es natürlich ein Armutszeugnis, wenn ich manchmal zu hören bekomme: „Du könntest mehr aus dir herausgehen, weniger reflektieren, einfach mal spontaner sein!" Das will natürlich auch ich, denn der Lahmheit kann sich in der Regel niemand rühmen. Ich fange also *sofort* zu reflektieren an, wie ich weniger reflektieren könnte, wodurch alles natürlich immer komplizierter wird. Was ist das nur mit mir? Bin ich ein Fall für den Mentaltrainer, der ideale Kunde für koffeingesättigte Aufputschgetränke oder soll ich zum Psychologen gehen?

Vielleicht kann aber dem, der stets ein wenig langsam startet, auch ein Blick auf die Propheten und Jesus helfen. Die begannen oft schlecht. Mose wollte die Israeliten nicht aus der Sklaverei herausführen, wie Gott sich das von ihm erhoffte. Der Angesprochene zählte erst einmal Argument um Argument dagegen auf. Prophet Jeremia wiederum sagte, als Gott ein Auge auf ihn geworfen hatte: Ich kann das nicht, ich bin dafür zu jung! Überhaupt wird in der Bibel oft erzählt, dass die Jüngsten, Kleinsten, Schwächsten und Kuriosesten für besondere Aufgaben sehr geeignet sind.

Jesus, von vielen als König verehrt, begann sein Leben im Futtertrog für Tiere, er wurde unterwegs geboren. Sein Start? Nach menschlichem Ermessen miserabel. Dennoch wird seine Geburt als weihnachtliches Wunder gefeiert. Wie aber kann ich etwas von der Kraft spüren, die in einem schlechten Start verborgen liegt? Einmal begann ich überraschend etwas davon zu ahnen, als ich auf den schnellen Start verzichtete. Schauplatz war keine Kirche, ich hörte auch keine göttliche Stimme, die mich rief. Ich war schlicht mit dem Fahrrad unterwegs, wie so oft auf einer Straße in Richtung Innenstadt. Sie wird von fünf Ampeln unterbrochen, obwohl sie keine besondere Länge hat. Das Knifflige für Fahrradfahrer auf dieser Strecke: Die Ampeln zeigen sich so gut wie nie von ihrer grünen Seite, richten sich nach der Geschwindigkeit der Autofahrer. Es kommt also darauf an, bereits eingangs der Straße, an der Startampel, eine gute

Ausgangsposition zu finden. Normalerweise trete ich kraftvoll in die Pedale und passiere so die zweite Ampel gerade noch während des letzten grünen Hauchs. Aber spätestens bei Ampel drei, bereits außer Atem, muss ich scharf bremsen, weil meine Hoffnung vergebens ist, dank der hohen Geschwindigkeit die Straße in einem Zug hindurchzufahren. So gut wie jeder Radfahrer ist auf diesem Weg von den Unterbrechungen genervt. Es wird gedrängelt, denn alle wollen eingangs der Straße bei Ampel eins einen guten Startplatz erwischen.

Eines Tages aber hatte ich genug, überließ den anderen den guten Ausgangsplatz, radelte lahm los. Mein Beginn war damit ähnlich schlecht wie der Start des Kindes von Bethlehem ins Leben hinein. Doch weil ich an diesem Morgen nun nicht mehr einigermaßen rasch durch die Hindernisstrecke kommen wollte, brauchte ich nicht weiter zu hetzen. Gemütlich radelte ich zu Ampel zwei: Die war natürlich längst rot. Nach einer Wartepause fuhr ich wieder an – auch die nächste Ampel stoppte mich. Ich hatte Zeit, betrachtete – bislang hatte ich sie gar nicht recht bemerkt – die großen alten Bäume, die die Straße beschirmten. Bei Ampel vier und fünf schließlich erreichte ich ganz ungewohnt zweimal die grüne Phase; ich muss wirklich sehr langsam gewesen sein. Das Seltsame aber war: Als ich an der großen Kreuzung mit der Abschlussampel eintrudelte, warteten genau die Fahrradfahrer, die mir zu Beginn mit höllischem Tempo davongefahren waren. Und ich? Ich fing zu pfeifen an – auf die Ideologie des guten Starts und den Zwang, die Straßen des Lebens hindurchzurasen.

Kinderbett

Von der
Macht der Träume

Ohne Träume der Nacht gäbe es kein Christentum, auch Weihnachten könnten wir nicht feiern. Das ist keine streng wissenschaftlich abgesicherte These, sondern ein Zusammenhang, auf den die Bibel verweist, die an die Macht nächtlicher Träume glaubt. Ein Traum kann leise und doch ungehorsam sein, verwunschen leicht und aufsässig zugleich. Dank der Kraft nächtlicher Bilderwelten ist die Krippe an Weihnachten nicht leer geblieben. Das ist heute oft vergessen, denn man hat sich an Weihnachten gewöhnt, es wird nach Kalender gefeiert. Ein Kindlein ist geboren, wird bald groß und stark. Licht scheint in der Finsternis. Denn die Geburt, sie ist geglückt, das Kind wird in Windeln gewickelt. Das Fest ist gewiss auch deshalb so beliebt, weil sich das Himmlische in einem sehr irdischen Geschehen abbildet. Es ist ein Wunder – und dennoch greifbar, zeigt es sich doch in einer menschlichen Geburt. Fröhlich wird gesungen!

Nur diejenigen singen nicht mit, die erleben müssen: Eine Schwangerschaft geht nicht glücklich aus, das Kind kommt zur Welt, es atmet aber nicht. Das sind nicht gerade wenige. Dennoch spricht man lieber nicht davon, vor allem nicht am Weihnachtsfest, das gefälligst fröhlich ist. Die Weihnachtsgeschichte aber ist nicht nur fröhlich, sondern erzählt von einem massenhaften Tod – und einer im Traum gezeugten Überlebenskraft. Denn Christus, der gefeierte Retter der Welt, fin- det nur deshalb ins Leben hinein, weil Josef auf seine Träume hört. Dank einer Engelstimme bleibt er bei seiner Verlobten Maria, die das Kind von einem andern hat. Und erneut leitet Josef eine Schlafesstimme, als er mit Maria und Jesus nach Ägypten flieht. Denn König Herodes will die gerade geborene Hoffnung der Welt ermorden. Aber auch die Weisen aus dem Morgenland verraten dank eines Traumes dem Herodes nicht, wo das Kind zu finden ist. Lieber vertrauen sie der unbeweisbar großen Kraft der nächtlichen Bilderwelt – und nicht König Herodes. Der veranstaltete ein Kinderschlachten, weil er das Wunderbare in den Griff bekommen und die Widerständigkeit eines Kinds beseitigen wollte. So viel zur Logik eines Herrschers, der gewiss kein Träumerle war, sondern sich eines durchgreifenden, robusten und aufgeweckten Wesens rühmte. Ob Herodes gar Angst hatte vor der Welt des Träumens? Er mordete, vermochte aber nicht die Welt der Farben auszulöschen. So hatten alle Eltern im Land ihr Baby verloren – und das an Weihnachten! Nur ein einziges, ein Traumkind war gerettet worden. Vielleicht ja auch, damit die von nun an schreienden Eltern wenigstens ein Kind für ihre verwaisten Kinderbetten haben.

Hosentasche

Wie man das Leben in den Griff bekommt

Du musst das Leben in den Griff bekommen!",
lautet ein beliebter Tipp von Hobbypsychologen. Vielleicht schütteln deshalb manche unablässig Hände. Andere ballen sie zu Fäusten – als Zeichen für den Erfolg, den sie errungen haben. Auch Sportgeschäfte wollen helfen, das Leben fest gepackt in Händen zu halten. Sie bieten mit Griffen versehene Federn an, die dazu dienen, die Fingermuskeln zu trainieren. Krankenkassenbroschüren erklären, wie das Leben möglichst niemals aus der Hand entwischt. Dank Gemüse, Obst und Sport radelt, rennt und schwimmt man jeder Krankheit davon. Dazu die Vorsorge: So macht man sich schon vorher Sorgen und kümmert sich darum, dass alles in geregelten Bahnen bleibt und niemand sagen kann: „Da bekommt wohl einer sein Leben nicht mehr auf die Reihe."

Warum aber eigentlich wird so oft dazu ermuntert, das Leben in den Griff zu kriegen? Vermutlich weil man es sich nicht mehr leisten darf, die Hände auch mal offen zu halten, faul in die Hosentaschen zu stecken oder mit den Fingern zu spielen – zum Beispiel Gitarre, Flöte oder auch Klavier. Stattdessen gilt: „Niemals locker lassen!“ Die Muskeln freilich reagieren widerborstig, aber nicht nur sie. Vor Kurzem galt die Wirbelsäule noch als Krankheitsthema Nummer eins. Inzwischen fehlen Berufstätige auch deshalb oft, weil die Seele meckert. Nur spricht kaum jemand von „Seele“, weil dieses

altertümliche Wort an die geheimnisvolle Größe des Lebens erinnern könnte, die bis heute niemand in den Griff bekommen hat. Stattdessen redet man von psychischen Störungen.

Helfen soll die *Resilienz*. Dieses Zauberwort steht für die im Menschen liegende Kraft, nach einem x-beliebigen Tief ins Leben zurückzukehren – am besten kraftvoller als zuvor. So wird man zum Vorbild und vielleicht sogar in Talkshows eingeladen. *Resilienz* – das klingt nüchtern, messbar, modisch und gut handhabbar. Sie beruhe auf einer Geninformation, haben Forscher kürzlich verlauten lassen: Bei dem einen stimmt das Gen, beim andern eben nicht ganz. Was aber ist dann mit denen, die in ihrem Gen zu wenig Widerstandskraft gegen Schicksalsschläge gespeichert haben? Sie gelten bis zu einer möglichen Genkorrektur – sagen wir einmal im Jahr 2133 – als marktuntauglich. Sollen sie doch in die Klinik gehen oder sich auch unter ihresgleichen treffen – aber bitte streng geheim! So richtet die Gesellschaft immer neue Hinterzimmer ein. Dort versammeln sich schon längst nicht mehr nur Anonyme Alkoholiker, sondern auch Trauern-

de, Getrennte, da gibt es Paare, die kein Kind bekommen oder eins verloren haben, dazu viele Arbeitslose und die Gruppen der Depressiven – nicht zu vergessen die Angehörigen all dieser Gruppenteilnehmer, die sich natürlich ebenfalls anonym in Gruppen treffen. Ein Land hat alles im Griff und leckt sich seine Wunden – aber bitte unerkannt.
Wie erfrischend offenherzig klingen da die Worte des Apostels Paulus. In Sachen *Resilienz* war er eine Niete – und gibt das auch noch offen zu. Der chronisch kranke Apostel befand sich fast permanent in irgendwelchen Krisen: Schiffbruch erlitt er, auch viele Schläge, er war empfindlich, cholerisch – und dann besaß er auch noch die Frechheit, sich trotz alledem überschäumend freuen zu können, selbst wenn er im Gefängnis war. Dort schrieb er einmal einen Brief an die Gemeinde in Philippi. „Zupacken will ich schon!", bekennt er darin. Unbescheiden aber wie er ist, will er nicht weniger als die himmlische Vollkommenheit in Händen halten: „Nicht, dass ich sie schon ergriffen habe oder bereits vollkommen sei", räumt er ein und sagt damit: Sein Leben hat er wieder mal nicht recht im Griff. Stattdessen will er seine Hände mutig offenhalten, um nach dem zu fassen, was schöner wird als alles Bisherige. Dann will er das Leben packen – und berühren, was ihn schon lange rührt. „Ich jage ihm aber nach, ob ich's wohl ergreifen könnte, weil ich von Christus Jesus ergriffen bin."

Streichholzkrippe

Der Anfang
kommt unvermutet

Die Geburt des Kindes, das den Frieden bringen soll, erahne ich kaum an Heiligabend. Eher spüre ich das neue Leben in den eigenartig ereignislosen Augenblicken am ersten Weihnachtsfeiertag kurz nach dem Erwachen. Da reift etwas heran, das mich in die Kraft des Anfangs weist. Ich kann nicht sagen, wie es möglich wird, die Ursache ist mir unbekannt. Trotzdem merke ich, wie mich eine ungewohnte Macht berührt. Das neue Leben kommt, wenn die Heilige Nacht beendet ist. Unbegreiflich, traumhaft still ist es am Morgen. Da fühle ich mich angekommen, aber nicht, weil ich mich zuvor bewegt habe, sondern weil ich in der Küche sitze. Immer wieder vergewissere ich mich, dass etwas eingetreten ist, was gegen die Gewohnheit spricht: Es ist still.

Oft suche ich nach solchen Augenblicken. Ich flüchte menschliche Zusammenballungen, ich wandere, renne weg oder bleibe einfach sitzen, um mich jener Kraft zu nähern, die ohne Tipps, Parolen oder Programmatik lebendig wird. Am Weihnachtsmorgen ist es dann soweit – der Friede ist ganz nah. Ich schaue aus dem Fenster. Und mein

Schauen geschieht in aller Ruhe, weil kein Laut zu hören ist. Und das an einem Ort, in dem es normalerweise jung, effektiv, arbeits- und erlebnisorientiert zugeht. Selbst an Sonntagen sind viele Mountainbiker, Jogger, Nordic-Walker unterwegs, um Brötchen an der Tankstelle zu holen.

Doch jetzt ist alles verwandelt, die Fahrzeuge am Rand der Straße verraten mir: Alle Autobesitzer sind da! Nur hört man sie nicht – und auch ich bin still. Der jung-dynamische Siedler hat sich in einen neuen Menschen verwandelt. Da wartet kein Adventsmarkt mehr, keine Weihnachtsfeier steht auf dem Programm. Allenfalls ein Nachbarskind malt mit dem neuen Roller erste Kreise auf den Asphalt. Das neu geborene Leben ist ein stilles Schweben, eine ungeheuer leise Kraft, die alles neu beginnen lässt.

Es zieht seine Kraft daraus, dass nichts passiert. Mit einer tiefen Leere beginnt der Weihnachtsfeiertag – nur bin ich in dieser Leere nicht verloren. Ich falle also nicht in dieses Nichts, sondern tauche ein wie in eine wunderbare Weite, die verspricht: Ich muss meine Flügel nicht stutzen, sie werden sich entfalten. Wünsche und Träume sind nicht überflüssig, sondern finden Luft und Wind und tragen mich. Alles ist unbekannt, schön und still. Gefeiert wird die Geburt des Friedefürsten, der Menschen aus ihren Verkrümmungen löst. Ich fühle mich aufgerichtet, was auch daran liegt, dass der Gefühlsrausch des Heiligen Abends zur Ruhe gekommen ist. Wie sich doch an der Schwelle zum Weihnachtsfest Erwartungsfreude, Lustgefühle und Panikattacken verdichten! Wer könnte schon dem Countdown des Spätadvents ausweichen? Ein letztes Mal Geschenke kaufen, ein letztes Mal

den Weihnachtsmarkt besuchen, jetzt noch hat die Käsetheke offen, der Bäcker und die Fleischerei. Der Briefkasten leert bald, das Paketauto kommt! Die Lage spitzt sich zu, es wird auf Null gezählt – und alles mündet in diesen Abend, der sich heilig nennt: Werde ich ihn überleben?

Mit den Liebsten hat man vorher besprochen, wie man es sich am schönsten macht. Und natürlich ist auch besprochen worden, nur nicht zu viel zu wollen. Denn hohe Erwartungen führen zu Enttäuschungen, sagt die Zunft der Ratgeber. Aber wenn das Heilige wartet, lassen sich Gefühle selten auf Normalmaß stutzen. Die Fallhöhe an Heiligabend ist hoch. „Jetzt fällt alle Spannung langsam ab." So beginnen oft die Reden und Gottesdienste an Heiligabend. Die Bescherung freilich kommt erst noch, und auch das Essen und dazu das Trinken und die Hoffnung, dass es in dieser Nacht würdig und am besten auch noch lustig wird.

Einmal las ich von einem medizinischen Heiligabend-Experiment: Auf dem Familientisch wurden Getränke ohne Alkohol gereicht, die aber wie alkoholische Getränke aussahen, es war ein Placebo.

Niemand der Trinkenden wusste von dem Tausch. Am Ende aber waren alle laut und ungehemmt – ganz ohne Alkohol. Die Berauschten dachten, es liege an Wein, Bier und was da sonst noch alles möglich ist. Dabei ist es der Cocktail aus Freude, Schock, Enttäuschung und auch Liebe, der so begeistert und gefährlich wirkt. Wohl deshalb klingen die Weihnachtswünsche kurz vor Heiligabend oft wie Abschiedsszenen: „Sehen wir uns noch einmal ... oder ist es ... nun soweit?" Manche wünschen sich bis zu dreimal „Alles Gute!" und „Schöne Feiertage". Dieses Ritual wirkt, als ob man auswanderte und sich womöglich niemals wiedersähe. Der Ausgang des Heiligabends ist unbeherrschbar. Die Endzeit naht, der Heiligabend zeigt sein apokalyptisches Gepräge, die Gefühle hat da kaum noch jemand ganz im Griff. Vielleicht muss das alles so sein, weil das neue Leben nicht ohne Erschütterung anbrechen kann. So erzählt es die biblische Weihnachtsgeschichte. Bevor die Hirten aufbrechen, um das Kind zu finden, werden sie von einem grellen Licht geblendet. Sie geraten in Angst! Groß aber ist dann der Gesang, mit dem die Engel vom Frieden tönen.

Die Heilige Nacht also ist nicht etwa still, sondern aufgewühlt. Und dann? Die Hirten hören: „Fürchtet euch nicht!" Das Getöse ebbt ab und die Hirten rennen, um den Heiland zu entdecken. Sie finden den Stall, in dem sich eine Feierlichkeit regt, die anders ist als alles Vorherige. Von jetzt an werden die Tage wieder länger, der Frieden wird wachsen – und diese Ahnung spüre ich am Weihnachtsmorgen, wenn das schön-bizarre Drama des Heiligabends beendet ist. Aus einem bleiern-betäubten Schlaf bin ich erwacht und alles Laute ist

verschwunden.

Einmal, als Kind ging ich am Weihnachtsmorgen nach dem Aufwachen sofort ins Wohnzimmer. Nichts war versperrt und die Geschenke nicht mehr verhüllt – ich war nicht festlich gekleidet, sondern im Schlafanzug. Und doch war alles feierlich! Ich kniete vor den Geschenken, von meinen Brüdern ungestört betrachtete ich sie im Licht des neuen Tags. Da war ich in ein Land getreten, in dem die Uhren anders ticken – nein: wo genau genommen überhaupt kein Ticken mehr zu hören ist. Die Zeit aber war erfüllt, weil sie sich leer anfühlte, denn der Countdown war vorüber.

Die Bescherung lag zurück, die Ferien hatten angefangen. Ich kniete nicht nur vor den Geschenken, sondern auch vor dem Weihnachtsbaum. Der Geruch der Nadeln benebelte mich – so vertiefte ich mich in die Welt der neuen Dinge. Ob sich sonst schon jemand in der Wohnung regte? Da waren Geräusche, aber alles wirkte gedämpft. Wer aufgestanden war, schien zu schleichen, doch nicht bedrückt, sondern alles war gelöst und frei. Jede der sonst so üblichen Bewegungen kosteten wir aus – als wäre es das erste Mal. In der Küche rumorte es, ohne dass es lärmte, Kaffeeduft zog durch die Wohnung. Es war ein traumhaft klarer, heller Morgen, frei von jeder Erdenschwere. So ist für mich der Weihnachtsmorgen stets mit Schnee verbunden, selbst wenn weit und breit kein Weiß zu sehen ist. Denn der sonst so laute Alltag ist in eine Daunenjacke geschlüpft. Weich ist das neue Leben – wie ein Gewand aus Federn.

Die Geburt des Heilands erlebte ich als Kind am Weihnachtsmorgen auch in der Kirche. Das war zu einer Zeit, als auch am ersten Feiertag noch viele Menschen in die Kirche gingen – einfach so. Keine Gemeinde hatte sich ein Zusatzevent zu überlegen in der Art von Weihnachtsliederlotterie, Krippenfeuerwerk oder Opernstars im Hirtengewand. Die Heilige Nacht war vorbei und in der Kirche war ich auf festliche Weise gelassen, aber auch erwartungsfroh – worauf wartete ich noch? Die Bescherung lag zurück, das konnte es nicht sein. Dennoch war da die Ahnung, dass noch etwas kommt. Und dann? Ich versank in eine unermesslich große Langeweile, als die Stimme des Predigers zu hören war. Ich vernahm viele Sätze, konnte sie jedoch nicht greifen, ich verstand sie nicht. Und trotzdem: Was Weihnachten bedeuten kann, erfuhr ich damals vielleicht viel besser als später, da ich solchen Sätzen folgen konnte. Als Kind nämlich wunderte ich mich nur und dachte, wie groß die Welt doch war, in die hinein ich wachsen würde. Ich sah kein Ende. Diese Langeweile aber tat nicht weh. Auch konnte ich dem Prediger nicht böse sein, ich war ja noch ein Kind.

Der Gleichklang der Worte, die für mich keinen Sinn ergaben, entführte mich nur noch tiefer

in diese geheimnisvolle Erwartungslust. Die Kirche war ein runder Bau. Vor dem Gottesdienst war ich hinter meinen älteren Brüdern die verwinkelten Treppen hinaufgegangen, nicht bis in die Kuppel, aber doch sehr weit nach oben – das war schon nicht mehr ganz irdisch. Wir setzten uns in eine Zwischenwelt, in der ich nicht mehr sicher war, ob es oben oder unten war. Dann schauten wir auf den Chor, der auf gleicher Höhe gegenübersaß – und auf Hinterköpfe, Glatzen und in Gesichter im Parterre. Das Bastgeflecht der Bänke knisterte. Und die Rückenlehnen ragten weit über die Köpfe hinaus – aber nicht nur über die von Kindern! Diese hohen Lehnen erzählten davon, dass es etwas gibt, das die Größe jedes Menschen spielend übersteigt. Wenn ich mich umdrehte und an den hölzernen Streben entlang nach oben schaute, sah ich in die große Kuppel. Ich überlegte: Wie viele Male müsste ich das Seil aus der Schulturnhalle hintereinander emporklettern, um die Kirchendecke zu erreichen – 20 Mal, 50 Mal, vielleicht sogar 500 Mal?

Der Weihnachtsmorgen in der Kirche war rund, ein hoher, nicht zu ergründender Sehnsuchtsraum.

Weihnachten war Langeweile, die zugleich Erfüllung war. Indem ich saß, nach oben schaute und die Hände ruhen ließ, ahnte ich das Wunderbare, das mich, so dachte ich, irgendwann einmal erfassen würde. Womöglich aber hatte ich es bereits erfasst, weil ich nicht versuchte, das Geheimnis mit meinen kleinen Händen greifen zu wollen. Stattdessen wartete ich gebannt auf jenen Augenblick, in dem die Unendlichkeit begann. Sie ruhte im ersten Ton. Die Chorsänger atmeten ein, der Dirigent hob die Arme. Und dann? Es war die Geburt, ein Klangrausch, den kein technisches Gerät der Welt jemals in die Wohnung zaubern könnte.

Der Gottesdienst schien Stunden zu dauern, aber noch immer war Vormittag und Zeit, da war keine Hektik, die zum Essen rief. An Weihnachtstagen wird ohnehin so gut wie ständig gegessen, also kann es auch kaum Verspätung geben. Der Weihnachtsmorgen war grenzenlos, ein ruhiger, steter Fluss. Selbst nach dem Gottesdienst blieben wir noch in der Kirche. Hunger hatten meine Brüder und ich nicht, doch war da die Lust, sich jetzt im Kreis zu drehen. An der Brüstung der Empore liefen wir entlang – und wenn wir diese Runde mehrfach liefen, war das wie ein Karussell, das größer war als auf dem Rummelplatz. Das Parterre des Gotteshauses bestand aus Vor- und Hauptkirche, da waren Winkel, Gänge. Treppen, deren Zahl sich nicht erkunden ließ. Doch stets endete unser

Forschen an der Krippe. Dort standen wir, liefen nicht mehr weiter oder fort – und fühlten uns, vielleicht nicht anders als die Hirten an der Krippe aufgefunden. Den Advent über hatten die Hirtenfiguren entfernt gestanden, noch auf den Weiden. Jetzt hatten sie den Stall erreicht. Und auch ich war angekommen, indem ich die Krippe betrachtete. Doch ich sah nicht nur sie, sondern auch, wie sich die Gesichter der Hirten dem Kind zuwandten. Sie schauten nur – sonst nichts. Und schon wieder wunderte ich mich. Im Vergleich zu den mir bekannten Zeichentrickfilmen war diese Szenerie unspektakulär, auf eine fast klägliche Weise ereignislos – nichts bewegte sich! Und doch war ich mit Begeisterung in die stille Landschaft eingetreten. Alle staunten! Nicht nur Kinder standen da und sahen: Jesus ist geboren. Auch Väter und Mütter waren an das Kind herangetreten. Sie guckten, als ob sie in ihrem ganzen Leben noch kein Kind gesehen hätten. Dabei konnten sie doch täglich ihre eigenen betrachten – doch das schien etwas völlig anderes zu sein.

Die Krippe ähnelt einer Sehnsuchtsquelle. Da stehe ich und wünsche mir, dass die Freude so wird wie beim ersten Mal. Oder um genau zu sein: Es soll so werden wie *vor* dem ersten Mal. Alles ist Erwartung, weil man weiß: Der Himmel kommt jetzt auf die Erde nieder, Christus ist geboren! Not, Elend, Trägheit und der Alltagstrott münden in ein wunderbares Lachen. Natürlich weiß der Verstand: Was ich erhoffe, ist logisch betrachtet nicht korrekt. Denn Jesus ist nicht heute, sondern in längst vergangenen Zeiten geboren. Und Theologen klären manchmal auf: „Im Grunde war es sowieso nicht so, wie die Bibel es erzählt. Die Weihnachtsgeschichte ist ja nur Legende, ein Mythos, wahrscheinlich nicht mal christlich, sondern aus anderen Religionen übernommen." Sollen die Wissenschaftlicher meinetwegen noch am Feiertag ins Debattieren kommen. Ich jedoch will am Weihnachtsmorgen nicht diskutieren. Denn dieser Morgen erzählt von einem Leben, das still beginnt und unvermutet Frieden bringt. Das Wunder kommt einfach, kraftvoll, sonderbar. Die Augen werden groß, wenn man sie schließt. Da zeigt sich ein Weg, der nach innen führt. Die Zeit des Träumens hat begonnen.

Also stelle ich jedes Jahr wieder zu Weihnachten die Engelfiguren auf die Fensterbänke. Sie und ich – wir sehen einander ins Gesicht und die Kindheit kehrt zurück. Alles verwandelt sich und kann in einem andern Licht erscheinen. Einmal verschenkte ich an Weihnachten einen Rucksack zum Wandern. Die Beschenkte packte ihn in der Heiligen Nacht aus – und erkannte ihre Lieblingsfarbe nicht. Lag es am Kerzenlicht? Am Ende der Heiligen Nacht, am Morgen des ersten Feiertages aber hatte sich der Rucksack verwandelt – niemand konnte sagen, wie es möglich geworden war. Auf jeden Fall war klar: Im Morgenlicht von Weihnachten wandert das Leben in eine Farbenlandschaft hinein, die paradiesisch ist. Und sie und ich, wir freuten uns, wir staunten und lobten Gott in seinem höchsten Thron. Denn er schließt auf sein Himmelreich und schenkt uns seinen Sohn.

192 Da haben wir endlich das Kind, das wir von Anfang an erwarteten. Ich öffne die Tür zum Himmelreich und trete ein ins Paradies, indem ich meine Lieblingskrippe betrachte. Sie befindet sich in einer Streichholzschachtel. Ich schiebe die Schachtel auf – da wird das Innere des Stalls von Bethlehem lebendig. Warum eigentlich schaue ich das Innenleben der Schachtel jedes Jahr wieder an – und immer so viele Male? Einmal würde es doch reichen, um den Inhalt abzuspeichern. Trotzdem werde ich nicht satt, spüre paradoxerweise aber keinen Mangel. Vielleicht komme ich mit dem Schauen deshalb an kein Ende, weil das neue Leben unermesslich ist. Erneut ziehe ich die Schachtel auf, deren Bühnenbild ich nicht angeordnet habe, es auch nie erfinden könnte. Ich tauche ein in das tiefe dunkle Blau des Himmels, Maria hebt sich ab in Rot und weiß und winzig ist das Kind. Ich schaue traumhaft und doch klar: Gott findet selbst in einer Streichholzschachtel Platz und auch in meinem Leben. Das Himmelreich kommt in jeden Winkel – und alles ist jetzt neu und auch das Vergangene renkt sich endlich wieder ein. So gehen die, die an der

Krippe stehen, ein ins Paradies, ohne dass sie sich dafür angemeldet hätten. Ich meditiere nicht, die Streichholzschachtel aber wird zum Tempel meines Schauens. Auch befinde ich mich nicht auf einem Pilgerweg, sondern sitze am Weihnachtsmorgen einfach nur auf meinem Lieblingsplatz – in der Küche. Ich tue nichts, sondern freue mich, dass den ganzen Feiertag über gesessen und natürlich auch gegessen wird, vielleicht so viel wie sonst an keinem Tag im Jahr. Dass alle sitzen – auch das ist paradiesisch, denn es garantiert: Heute wird so leicht niemand umgerannt.

Das alles macht das Kind, mit dessen Zeugung sich kein Mensch brüsten kann. In ihm ruht das Geheimnis, das den Namen trägt: Der Anfang kommt unvermutet. Ungeplant. Niemand hat die Entstehung Jesu protokolliert. Selbst die Journalisten können an Weihnachten nicht Bericht erstatten, sie müssen an diesem Tag schweigen. Die Erzähler freilich spinnen den Geschichtenfaden fort. Ich lausche ihrem Wispern, da wird mir wohl: Jesus in der Krippe wird die Menschen retten! Das geschieht allein schon deshalb, weil niemand dieses Kind erziehen muss. Trotzdem wird es kein Tyrann, weil es dadurch etwa ungezogen wäre, im Gegenteil: Es wird prächtig, Gottheld, Friedefürst und Ewig-Vater, ein König, der mit seinem Zepter die überraschendsten Bewegungen der Liebe vollführt: Er erwählt die Menschen und macht sie sich zum Freund. So werde ich zum Bürger des Himmelreichs. Wer sich in das Bild der Krippe versenkt, hat frei. Er muss sich nicht um die Zukunft dieses Kindes sorgen. Stattdessen schenkt Jesus dem Betrachter eine zauberhafte Zukunft. So klingt der Friedensruf des Engels jetzt: „Euch ist heute der Heiland geboren, welcher ist Christus, der Herr, in der Stadt Davids!“ Begreifen und beweisen kann es niemand. Und alle, vor die es kommt, können sich nur wundern! Damals schon. Und selbst Maria, die von alledem doch hätte wissen müssen, behielt und bewegte die Worte in ihrem Herzen. Man kann es mythisch, mystisch, absonderlich oder einfach festlich nennen, an Weihnachten jedenfalls ist klar: Für den Anbruch des neuen Lebens muss niemand selber sorgen, er kommt still und unvermutet. Denn der Anfang ist geschenkt.

Nachwort

von Gabriele Wohmann

Auch in seinem neuen Buch, das den Himmel stückweise und in epiphanieartigen Augenblicken auf die Erde holt, geht es bei Georg Magirius um die Sehnsucht nach Gott. Es ist ein Vorgeschmacksbuch, ein Brevier der überlebensrettenden winzigen Erfahrungen und Entdeckungen. Georg Magirius ist ein Spaziergänger, der es nicht eilig hat, denn für seine Erkundungen und seine Suche nach Fundstücken aus dem Alltäglichen braucht er eine liebevolle und hellhörig-hellsichtige Geduld. Mit der kann er im Kleinen und Unauffälligen immer wieder das Aufscheinen des Zusammenhangs mit dem Großen und Ganzen erblicken.

In seinen Miniaturen und auch in längeren Textstücken verfährt Magirius nach der immer gleichen Methode: Zuerst öffnet er dem Leser die Augen für die Phänomene aus unserer Wirklichkeit, die er dann in Bezug setzt zu einer Begebenheit aus der biblischen Geschichte oder einer Aussage von Jesus Christus. Darin ist Georg Magirius ein bewundernswerter Entdecker, als Theologe auch vertrauenerweckend gut gerüstet, wenn es um diese Verknüpfungen zwischen tief unten und hoch oben geht, vom Grashalm auf dem Sportplatz bis zu den himmlischen Vorhöfen, vom menschlichen Gegenwartspersonal bis zu seinen Vorläufern aus den biblischen Erzählungen. Gleichnishaft sind die antipodischen Szenarien miteinander verbunden.

196 Der Vorrat des Georg Magirius ist schier unerschöpflich. Was Ernst Jünger bei seinen naturwissenschaftlichen Studien nicht wagte, hebt Georg Magirius freimütig aus seiner (scheinbaren) Unscheinbarkeit hervor. Freimütig, ja, und auch mutig, nämlich das letzte Tabu, das Gottesbekenntnis, brechend.

Schon als Kind will Magirius Gott finden: „Ich hätte Gott gerne in der Kirche erlebt, ich sehnte mich danach – und sehne mich auch heute noch. Aber ich wollte mich nicht quälen: Warum sollte ich Gott in einer Kirche vermuten ... Wieso sollte er nicht in Geschichten stecken, die mich trösteten ..., auch wenn ich sie in einer Bücherei entdeckte, die weltlich war?" Die Antwort wird schließlich bei Jesus selbst gefunden. Jesus „überlegt: Wo ist Gott? Wo ist sein Reich? Und dann erzählt er Geschichten aus dem Alltag. Das Überraschende: Gott kommt darin gar nicht vor." Jesus sagte aber, jede „dieser Geschichten sei eine Spur in Gottes Reich ... Ich war befreit! Jesus selbst geht mit dem Wort ‚Gott' äußerst sparsam um. Damit war ich auf ein gleichsam jesuanisches Recht gestoßen ... Ich spüre eine gleichsam himmlische Macht, wenn mich eine Bildersprache umfängt ..."

Magirius-Leser sind sofort im unverwechselbaren Magirius-Stil, dem ganz speziellen und oft schwärmerischen Magirius-Sound, in dem ein Herz „jubeln" kann, gut in einer Art Geborgenheitsrausch aufgehoben; sie können sich dieser
sehr privat-persönlichen und offenbarungsbegierigen Wahrhaftigkeit anvertrauen. Diese Prosastücke laden zum Mitspielen ein.

Mit unserer oberflächlichen, vom Erfolgsstreben gesteuerten Gegenwart geht Magirius streng zeitkritisch um und sein Ton wird dann bitter und enttäuscht und er empfindet Öde und Leere. Doch auch in diesen Antinomien des Hier und Dort ist die Rettung in das Vorbild Jesu sicher, und wenn sie auch nur via Heidelbeerkuchen mit Schlagsahne gelingt (es gefällt ihm sehr gut, dass Jesus immer auch ans Essen dachte: viele Bibelstellen bezeugen das dem theologisch weniger bewanderten Staunenden)!

Der so anspruchslos durch die Mikrokosmen unseres Alltags Illuminierte, den die Aufmerksamkeit zum Beispiel für die Sommerstille in einem Schwimmbad geradezu erleuchtet, kommt mir wie ein religiös-hedonistischer Zauberer vor, der sich mit seinen Erlösungstricks gut auskennt und durch sie wieder träumen und Geborgenheit empfinden kann. Seine melancholische Begeisterung, mit der er seine hochsensible Verletzlichkeit immer wieder überspielen kann (ja, es ist ein Spiel), steckt mich an und es erheitert mich an vielen Stellen ein verhaltener Humor beim Entdecken von Absurditäten und unfreiwilliger Komik der Bagatellen aus dem zeitgenössischen Alltag.

Mit diesem Buch kann man auch wie mit der Bibel umgehen, einzelne Kapitel aufschlagen und dann lesen und sich ermutigen lassen von Magirius' höchst eigenwilliger Medizin.

GABRIELE WOHMANN
Eine souveräne Frau
Die schönsten Erzählungen
Herausgegeben und mit einem
Nachwort von Georg Magirius
288 Seiten. Gebunden
ISBN 978-3-351-03393-4
Auch als E-Book erhältlich

Die spöttische *»Chronistin der Normalität«* SÜDDEUTSCHE ZEITUNG

Würden alle Figuren plötzlich lebendig werden, die in Gabriele Wohmanns unzähligen Erzählungen vorkommen, könnte man wohl eine Kleinstadt mit ihnen bevölkern. Man hätte das alltägliche Welttheater vor sich, allerdings eines, bei dem hinter den banalen Verrichtungen und Problemen die Bruchlinien der Existenz ausgeleuchtet werden.
Es wäre mit Nachsicht gegenüber Unzulänglichkeiten und einem Humor ausgestattet, der selbst dem Scheitern noch eine überraschende Leichtigkeit und Komik verleiht.
Damit sich der Leser nicht verliert in diesem verlockenden Figuren- und Geschichtengewimmel aus fünf Jahrzehnten, wurden nun die schönsten Erzählungen ausgewählt und mit dem Bonus einiger neuer Geschichten versehen.

»Eine unbestechliche Beobachterin.« DIE ZEIT

Mehr Informationen erhalten Sie unter www.aufbau-verlag.de oder in Ihrer Buchhandlung

aufbau